はじめに

　職場におけるハラスメントを防止することは、多様な人材が気持ちよく働き、企業の生産性を高めるための重要な職場環境整備の要素です。

　ハラスメントへの対応は、その兆候を見逃さないこと、起こった場合は迅速かつ適切に対応することが何よりも大切です。問題の適切な解決は相談対応の如何にかかっており、相談担当者の果たす役割は極めて大きいと言えます。

　この書籍では、相談担当者の方々に相談対応の具体的なノウハウを提供しています。多くの相談担当者の皆様に活用され、職場におけるハラスメント防止対策をより効果的に進めるにあたっての一助となることを願っています。

公益財団法人　21世紀職業財団

JN061300

目次

I 職場におけるハラスメント についての基礎知識

1. 職場におけるハラスメントはなぜ問題なのでしょうか

　まず、ハラスメントは働く人々と企業組織にどのような影響を及ぼすのか考えてみましょう。

⑴働く人にとって

　ハラスメントは対象となった従業員の名誉や個人としての尊厳を傷つけるものであり、人権や人格権に関わる問題です。また、働く意欲や自信を低下させたり、能力を十分に発揮できなくなる恐れがあります。さらには、ハラスメントが強いストレスとなり、心の健康を害して、休職や退職に追い込まれたり、最悪の場合には「自殺」という深刻な結果に至るケースもあります。

　周囲で働く人にとっては、職場環境の悪化につながります。ハラスメントの行為を目の当たりにすることで、次は自分が対象になるのではないかと委縮するなど精神的な安定が損なわれたり、働く意欲や会社への信頼が低下し、退職してしまうことも考えられます。

　ハラスメントの行為者にとっては、その行為がハラスメントと認定された場合には、職場での評価や周囲の信頼を失うばかりではなく、行為の内容によっては、懲戒処分の対象となったり、刑事責任や民事責任（不法行為による損害賠償）の法的責任（P22参照）を問われることもあります。これまで積み重ねてきたキャリアを失ってしまうことや、行為者とされたことなど現状を受け入れられず、メンタルヘルス不調に陥ることも考えられます。

⑵企業にとって

　企業にとっては、職場環境の悪化により職場秩序や仕事の円滑な遂行が阻害されることや人材の流出など、企業の効率的運営、労働生産性の観点から見逃せない問題です。さらに、法的責任が問われた場合には、損害賠償責任を負うだけではなく、社会的信用を失うことにもなりかねません。

✎相談担当者のポイント

■ハラスメントが起きると、ハラスメントを受けた人だけではなく、周囲の人、そして企業に大きな負の影響が生じることを認識しましょう。

■ハラスメントは、個人間の問題ではなく、雇用管理上の問題と捉えることが重要です。

---

2. ハラスメントが起こる背景とは

　職場での性的な言動や厳しい指導、人間関係のトラブルなどは、従来からありましたが、ハラスメントとして顕在化してきた背景には社会の大きな変化があります。

　また、ハラスメントは態様によって様々な名称で分類されていますが、実際にはそうしたものが重複して発生していることが多く、その背景も重なり合っています。

(1)職場環境の変化　〜多様な人々が働く職場〜

　近年、職場の女性比率が高くなり、中には短時間勤務や在宅勤務という働き方で出産後も働き続ける人が増えてきました。また、グローバル化や景気変動の中で、国籍や雇用形態の異なる多様な人々が同じ職場で働くようになりました。

　しかし、日本企業の多くは、終身雇用を前提とした「新卒一括採用」の「日本人」「男性」「正社員」で「時間的・場所的制約なく働ける人」を中心とした職場運営を維持してきています。そうした環境では、従来からある画一的な価値観や就業観が支配的になりがちで、多様な考え方やライフスタイルを持った人材一人ひとりの人権や個性を尊重し、貴重な戦力として扱うという風土が根づいていない状況があります。

　例えば、男性中心の職場運営の中で、女性を補助的労働力としか見ていない職場では、そうした意識が行動に影響を与え、ハラスメントが起きやすい職場環境につながることがあります。また、従来とは違う年功序列や性別によらない管理職登用や給与体系、雇用形態の違いや仕事に対する習熟度の違い等が摩擦を生み、ハラスメントにつながることもあります。加えて、育児や介護のために制度を利用する人に対して反感を持つ人もいるでしょう。

　多様性への理解が不十分なまま、多様な人と職場を共にすることは、様々なトラブルを生むことになります。

(2)経営環境の変化　〜企業間の競争激化からくる歪み〜

　経済のグローバル化により企業間の競争は激化し、短期的な業績を追求する風潮が強まっています。企業は当然ながら効率向上を目指し、経営の合理化を推進します。そうした状況に業務改革が追いつかず、従業員一人ひとりの業務量が増加し、職場に余裕がなくなってきています。管理職自身も成果達成に追われ、部下一人ひとりに適した指導がしにくい状況になってきています。

　こうしたゆとりのない状況では、つい言葉が荒くなったり、思うような成果を

出せない人に対する風当たりが強くなったりしがちです。

(3)働く人の意識の変化　～新しい世代の意識や価値観の変化～

　従来の日本企業は男性中心で、年功序列に従って昇給・昇格し、定年まで同じ
会社に勤め上げるのが望ましいとする考え方が一般的でした。そのため、従業員
としては上司からの厳しい指導や職場で不快に感じることがあっても、自分の将
来を考え、あえて問題にすることはありませんでした。しかし、近年では労働市
場の流動化によって転職に対する抵抗感が弱まったと同時に、人権意識が一般的
に強まってきていることもあり、以前に比べ、自分の意見や苦情を言いやすい状
況になってきました。

　一方で、最近では地域や家庭、教育現場でも厳しい指導をすることがなくなり、
人々のストレス耐性が弱まっているという指摘もあります。また、価値観の多様
化に伴い、従来の「俺についてこい」というような指導や、従来なら許容されて
きた職場慣行やコミュニケーションには馴染めない人も増えてきました。

　さらに、ゆとりをもって仕事と生活のバランスをとっていきたいと考える人も
増えてきたことで、滅私奉公的に仕事一筋で頑張ってきた世代との間で意識の
ギャップが大きくなっています。

(4)根強い性別役割分担意識　～「男性」「女性」「LGBT」*～

　「女性の幸せは結婚・出産にある」「男性は仕事をし、女性は家庭を守る」「家事・
育児は女性の役割」といった伝統的な男女の役割分担意識は、今も多くの日本人
の根底にあります。こうした考えから、職場の女性を対等なパートナーではなく
「異性」として意識したり、妊娠・出産した女性は十分な活躍ができない人材と
決めつけることから、セクシュアルハラスメントやマタニティハラスメント等の
問題が起きます。

　同じ理由で、育児や介護のために休業したり、制約を持って働いたりする男性
に対しても「男のくせに…」といった意識から、疎外するような言動を生むこと
があります。

　さらに、こうした「男女」という意識とともに、いわゆる性的マイノリティ
LGBT等の人々に対する無理解がハラスメントの背景になることも考えられま
す。

　*P12参照

⑸長時間労働がもたらす問題　〜長時間労働とハラスメント〜

　長時間労働は、心と体に深刻な影響をもたらす大きな問題です。

　ハラスメントとの関係で言えば、長時間労働により職場全体に余裕がない中で摩擦が起き、ハラスメントにつながる言動が生じることが考えられます。

　また、長時間労働と併せてハラスメントを受けた場合には、非常に大きなストレスを抱えることとなり、「自殺」という深刻な事態を引き起こす場合があります。裁判例等でも自殺に至った事案が多く見られます。

　長時間労働は、まさしくハラスメントが起こる重大な背景として挙げられます。

　そうした中、日本社会ではこれを深刻な問題と捉え、長時間労働を是正し、働き方を改革する機運が高まっています。ハラスメントのない職場環境を目指すうえでも必要不可欠な取組みといえます。

⑹社会的認知度の向上

　男女雇用機会均等法でセクシュアルハラスメント防止について事業主の措置義務が規定されたことで、職場におけるセクシュアルハラスメントへの対応が進み、従業員の認知度も高まりました。また、2017年1月からは、マタニティハラスメント等（P12参照）の防止についても事業主の措置義務が規定されました。2020年[*1]には労働施策総合推進法[*2]の改正でパワーハラスメントに関する措置義務も規定され、企業内におけるハラスメントについても認識が高まり、ハラスメントの苦情を申し立てしやすい状況になりました。

　さらに、様々なハラスメントのケースがマスメディア等でとりあげられることで、社会的な認知度が向上し、ハラスメント防止施策を重要視する風潮が高まってきました。

> ✎相談担当者のポイント
> ■これらのハラスメントの背景を理解するとともに自社の企業風土がハラスメント発生の背景となっていないか、また社会的認知度とのギャップがないかどうかについても考えてみましょう。

[*1]　中小企業の義務化は2022年
[*2]　労働施策の総合的な推進並びに労働者の雇用の安定及び職業生活の充実等に関する法律

3. 職場におけるハラスメントの種類と定義

　本書では、職場で問題になるハラスメントとして、セクシュアルハラスメント、パワーハラスメント、妊娠・出産・育児休業・介護休業等に関するハラスメントについて解説します。

(1)職場と従業員の範囲

　まず、「職場」と「従業員」の範囲について明確にしておきましょう。

・「職場」とは

　「職場」とは、事業主が雇用する従業員が業務を遂行する場所を指します。従業員が通常就業する場所以外であっても、従業員が業務を遂行する場所であれば職場に含まれます。例えば、取引先や出張先、移動中も対象となります。

　また、勤務時間外の宴会や休日であっても、業務と密接に関連している場合は、「職場」に該当します。その判断に当たっては、職務との関連性、参加者、参加が強制的かどうかなどを考慮して個別に行う必要があります。

「職場」の例

◆就業場所　◆出張先　◆取引先の事務所　◆業務で使用する車中
◆接待など取引先との打ち合わせをするための飲食店　◆顧客の自宅
◆宴会　など

・「従業員」とは

　正規社員だけではなく、パートタイマーや契約社員など、いわゆる非正規社員を含む、事業主が雇用する従業員のすべてが対象となります。

　また、派遣社員については、派遣元のみならず、派遣先でも派遣先の従業員と同様に扱う対象となります。

「従業員」の例

◆正規社員　◆パートタイマー　◆契約社員　◆アルバイト
◆派遣社員　など

⑵ハラスメントの種類と定義

①セクシュアルハラスメント

　職場におけるセクシュアルハラスメントは、男女雇用機会均等法第11条で事業主に対して防止措置を講ずることを義務付けており、それを受けて厚生労働省の指針で、セクシュアルハラスメントを次のように定義しています。

定義

職場において行われる、性的な言動に対するその雇用する労働者の対応により当該労働者がその労働条件につき不利益を受け（対価型）、又は当該性的な言動により当該労働者の就業環境が害される（環境型）こと

解　説

■男女雇用機会均等法第11条では以下のとおり規定されています。（詳細は巻末資料１参照）

男女雇用機会均等法

（職場における性的な言動に起因する問題に関する雇用管理上の措置等）

第11条　事業主は、職場において行われる性的な言動に対するその雇用する労働者の対応により当該労働者がその労働条件につき不利益を受け、又は当該性的な言動により当該労働者の就業環境が害されることのないよう、当該労働者からの相談に応じ、適切に対応するために必要な体制の整備その他の雇用管理上必要な措置を講じなければならない。

　2　事業主は、労働者が前項の相談を行ったこと又は事業主による当該相談への対応に協力した際に事実を述べたことを理由として、当該労働者に対して解雇その他不利益な取扱いをしてはならない。

　3　事業主は、他の事業主から当該事業主の講ずる第１項の措置の実施に関し必要な協力を求められた場合には、これに応ずるように努めなければならない。

　4　厚生労働大臣は、前三項の規定に基づき事業主が講ずべき措置等に関して、その適切かつ有効な実施を図るために必要な指針を定めるものとする。

（指針については巻末資料２参照）

ア） 職場におけるセクシュアルハラスメントの内容

定義については前述のとおりですが、その内容についての解説をします。

・「性的な言動」とは

性的な内容の発言及び性的な行動を指します。

・セクシュアルハラスメントの種類

「対価型セクシュアルハラスメント」とは

性的な内容の発言や行動に対して、受けた人が拒否や抵抗したことにより、解雇や降格、減給などの不利益を受けることです。

「環境型セクシュアルハラスメント」とは

性的な内容の発言や行動により、その職場の従業員の職場環境が不快なものとなり、能力の発揮に重大な悪影響が生じる等就業する上で看過できない程度の支障がでることです。

<性的な言動例とセクシュアルハラスメントの種類>

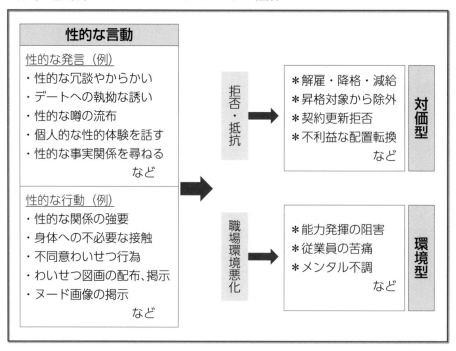

イ）　セクシュアルハラスメントの対象

　職場におけるセクシュアルハラスメントには、男性から女性に対する性的言動に限らず、女性から男性への性的言動や同性に対するものも含まれます。また、2017年1月から、被害を受ける人の**性的指向または性自認にかかわらず対象**となることが指針に明記されました。

※ 「性的指向」とは、人の恋愛・性愛がいずれの性別を対象とするかを表すものであり、「性自認」とは性別に関する自己意識をいうものです。

ウ）　セクシュアルハラスメントの判断基準

　セクシュアルハラスメントの状況は多様なため、その判断にあたっては、個別の状況を斟酌する必要があります。また、定義のなかの「労働者の意に反する」、「就業環境を害される」の判断については、言動を受けた人がどのように認識したかという主観を重視しつつも、一定の客観性が求められます。例えば、被害を受けた人が女性であれば「平均的な女性労働者の感じ方」を基準とし、被害を受けた人が男性であれば「平均的な男性労働者の感じ方」を基準とするなど、被害者と同じ立場の人がどのように感じるかということで判断することが考えられます。

　一般的には、以下のような場合はセクシュアルハラスメントにより就業環境が害されると判断しうるものとされています。

・意に反する身体的接触によって強い精神的苦痛を被った場合
・明確に抗議しているにもかかわらず放置されている場合
・心身に重大な影響を受けていることが明らかな場合

🖊相談担当者のポイント

■職場のセクシュアルハラスメント防止義務とその内容については、男女雇用機会均等法第11条及び指針に規定されています。指針には、相談担当者の役割や留意点についても言及されているので内容を確認しましょう。

■性的マイノリティLGBT等について正しい認識を持ち、対応しましょう。

■セクシュアルハラスメントは、相談担当者がセカンドハラスメント（相談者が相談担当者の言動等によってさらに被害を受けること）となる言動をしないことも大切な留意点となります。

参考

「LGBT」とは

　最近、性的マイノリティを表す「LGBT」という言葉をよく聞きますが、これは以下の４つの頭文字を取った性的マイノリティを表す総称です。

　　L：レズビアン（女性の同性愛者）
　　G：ゲイ（男性の同性愛者）
　　B：バイセクシュアル（両性愛者）
　　T：トランスジェンダー（身体上の性別に違和を覚える人）
　　　※ただし、この４つのカテゴリーに含まれない人もいますので、留意が必要です。

　「電通LGBTQ＋調査2023」（dJサステナビリティ推進オフィス）によれば、LGBTとそれ以外の多様なセクシュアリティ（Q＋）も含めた性的マイノリティ当事者層の割合は9.7％となっています。

　欧米企業では早くから、人種、国籍、性別と並んでLGBT等についてもダイバーシティ（多様性）マネジメントの一つとしてとらえて取組みを推進しています。

　近年、日本においても認知度は高まってきましたが、一方で周囲の無理解から、そうした人々が働きにくい職場環境になっていることが指摘されています。

　性的指向・性自認（Sexual Orientation Gender Identity：SOGI(ソジ)）や病歴、不妊治療等の機微な個人情報について、侮辱的な言動を行うことや本人の了解を得ずに暴露することも、職場におけるパワーハラスメントの３つの要素（P18参照）を満たす場合には、これに該当します。

---

②妊娠・出産・育児休業・介護休業等に関するハラスメント（いわゆるマタニティハラスメント等）

　職場における妊娠・出産・育児休業・介護休業等に関するハラスメント（以下「マタニティハラスメント等」という。）については、妊娠・出産等に関するハラスメントは男女雇用機会均等法第11条の３に、また、育児休業・介護休業等に関するハラスメントは、育児・介護休業法第25条により、事業主に対して防止措置を講ずることを義務付けています。セクシュアルハラスメントと同様にそれぞれに厚生労働大臣の指針があります。それらに基づいた定義は以下のとおりです。

定義

職場における妊娠・出産・育児休業・介護休業等に関するハラスメントとは、職場において行われる上司や同僚からの言動（妊娠・出産したこと、不妊治療に対する否定的な言動、育児休業・介護休業等の利用に関する言動）により、妊娠・出産した女性労働者や育児休業・介護休業等を申出・取得した男女労働者等の就業環境が害されること。

解　説

■男女雇用機会均等法第11条の３及び育児・介護休業法第25条では以下のとおり規定されています。（詳細は巻末資料１・４参照）

男女雇用機会均等法

（職場における妊娠、出産等に関する言動に起因する問題に関する雇用管理上の措置等）

第11条の３　事業主は、職場において行われるその雇用する女性労働者に対する当該女性労働者が妊娠したこと、出産したこと、労働基準法第65条第１項の規定による休業を請求し、又は同項若しくは同条第２項の規定による休業をしたことその他の妊娠又は出産に関する事由であつて厚生労働省令で定めるものに関する言動により当該女性労働者の就業環境が害されることのないよう、<u>当該女性労働者からの相談に応じ</u>、適切に対応するために必要な体制の整備その他の雇用管理上必要な措置を講じなければならない。

２　第11条第２項の規定は、労働者が前項の相談を行い、又は事業主による当該相談への対応に協力した際に事実を述べた場合について準用する。

３　厚生労働大臣は、前二項の規定に基づき事業主が講ずべき措置等に関して、その適切かつ有効な実施を図るために必要な指針を定めるものとする。

育児・介護休業法

（職場における育児休業等に関する言動に起因する問題に関する雇用管理上の措置等）

第25条　事業主は、職場において行われるその雇用する労働者に対する育児休業、介護休業その他の子の養育又は家族の介護に関する厚生労働省令で定める制度又は措置の利用に関する言動により当該労働者の就業環境が害されることのないよう、<u>当該労働者からの相談に応じ</u>、適切に対応するために必要な体制の整備その他の雇用管理上必要な措置を講じなければならない。

２　事業主は、労働者が前項の相談を行ったこと又は事業主による当該相談への対応に協力した際に事実を述べたことを理由として、当該労働者に対して解雇その他不利益な取扱いをしてはならない。

ア） マタニティハラスメント等の内容
・「制度等の利用への嫌がらせ型」とは

　次に記載の制度または措置の利用に関する言動により就業環境が害されるものをいいます。具体的には、それらの制度又は措置の利用に関して相談、請求、利用したことによる、以下のような言動がマタニティハラスメント等に該当します。

<「制度等の利用への嫌がらせ型」の例>

■対象となる制度又は措置			■行為者と行為類型
男女雇用機会均等法	①産前休業 ②妊娠中及び出産後の健康管理に関する措置（母性健康管理措置） ③軽易な業務への転換 ④変形労働時間制での法定労働時間を超える労働時間の制限、時間外労働及び休日労働の制限並びに深夜業の制限 ⑤育児時間 ⑥坑内業務の就業制限及び危険有害業務の就業制限	制度等の利用に関して ●相談した ●請求した ●利用した	●上司が、解雇、降格その他不利益な取扱いを示唆する言動*1 上司：「制度を利用するなら、辞めてもらう」「制度を利用するなら、昇進できないと思え」などと言う。 ●上司や同僚が、制度等の利用や請求を阻害する言動*2 上司：制度を請求しないように言う。請求を取り下げるように言う。 同僚：繰り返し又は継続的に制度を利用・請求しないように言う。請求を取り下げるように言う。
育児・介護休業法	①育児休業 ②介護休業 ③子の看護休暇 ④介護休暇 ⑤所定外労働の制限 ⑥時間外労働の制限 ⑦深夜業の制限 ⑧育児のための所定労働時間の短縮措置 ⑨始業時刻変更等の措置 ⑩介護のための所定労働時間の短縮等の措置 ※⑧～⑩は就業規則にて措置が講じられていることが必要		●上司や同僚が、制度等を利用したことにより繰り返し又は継続的に嫌がらせ等をする 上司：制度を利用している人には、重要な仕事を任せない。専ら雑務をさせる。 同僚：制度を利用していることに対して「周りの迷惑を考えていない」など、繰り返し、又は継続的に嫌がらせ的な言動を行う。

・「状態への嫌がらせ型」とは

　女性労働者が妊娠したこと、出産したこと等に関する言動により就業環境が害されるものをいいます。

　具体的には、下表記載の対象となる事由に関する言動がマタニティハラスメントに該当します。

<「状態への嫌がらせ型」の例>

■対象となる事由		■行為者と行為類型
①妊娠したこと ②出産したこと ③産後の就業制限の規定により就業できず、又は産後休業をしたこと ④妊娠又は出産に起因する症状※により労務の提供ができないこと若しくはできなかったこと又は労働能率が低下したこと ⑤坑内業務の就業若しくは危険有害業務の就業制限の規定により業務に就くことができないこと又はこれらの業務に従事しなかったこと ※「妊娠又は出産に起因する症状」とは、つわり、妊娠悪阻、切迫流産、出産後の回復不全等、妊娠又は出産をしたことに起因して妊産婦に生じる症状をいいます。	事由に 関して	●上司が、解雇、降格その他不利益な取扱いを示唆する言動*1 上司：女性従業員が妊娠を報告したところ、「他の人を雇うので早めに辞めてもらうしかない」と言う。 ●上司や同僚が、妊娠等をしたことにより繰り返し又は継続的に嫌がらせ等をする 上司：「妊婦はいつ仕事を休むかわからないから仕事を任せられない」と繰り返し言い、仕事をさせない状況が続いている。 同僚：「妊娠するなら、忙しい時期を避けるべきだった」と繰り返し言い、精神的に非常に苦痛を感じている

*1　示唆する言動にとどまらず、実際に解雇等を行った場合は直接、法違反となる。

*2　事業主として請求を取り下げさせる（利用を認めない）場合には法違反となる。

「妊娠・出産・育児休業・介護休業等を理由とする 不利益取扱いの禁止」について

　事業主による不利益取扱いについては、男女雇用機会均等法第９条３項（妊娠・出産等を理由とする不利益取扱いの禁止）及び育児・介護休業法第10条等（育児休業・介護休業等を理由とする不利益取扱いの禁止）により、禁止されています。

妊娠・出産等を理由とする例	育児休業・介護休業等の申出・制度の利用等を理由とする例
①解雇	①解雇
②期間雇用者の契約更新をしない	②期間雇用者の契約更新をしない
③契約更新回数の引き下げ	③契約更新回数の引き下げ
④退職・労働契約内容の変更の強要	④退職・労働契約内容の変更の強要
⑤降格	⑤就業環境を害すること
⑥就業環境を害すること	⑥自宅待機を命ずること
⑦不利益な自宅待機を命ずること	⑦希望する期間を超えて、所定外労働・時間外労働・深夜業の制限または所定労働時間の短縮措置等を適用する
⑧減給、賞与等の不利益な算定	⑧降格
⑨昇進・昇格の人事考課における不利益な評価	⑨減給、賞与等の不利益な算定
⑩不利益な配置の変更	⑩昇進・昇格の人事考課における不利益な評価
⑪派遣先が派遣労働者に係る役務の提供を拒む	⑪不利益な配置の変更
	⑫派遣先が派遣労働者に係る役務の提供を拒む

・「理由として」いるかの判断は、妊娠・出産・育児休業・介護休業等の事由と不利益取扱いとの間に因果関係があることを指し、それらの事由を契機として不利益取扱いを行った場合には、原則として「理由としている」と解され、法違反になります。

・原則として、事由の終了から１年以内の不利益な取扱いは、「契機」としていると判断されます。その他１年を超えている場合の判断や、例外については、厚生労働省のホームページをご参照ください。

イ) マタニティハラスメント等の判断基準

上司が解雇その他不利益な取扱いを示唆、あるいは、制度等の利用の請求又は利用を阻害するような言動が**直接的にある**ような場合は、1回でも該当します。

その他については、**直接的な言動**であり、**繰り返し又は継続的**※なもの、また、客観的にみて、一般的な労働者であれば、能力の発揮や継続就業に重大な悪影響が生じる等、就業する上で看過できない程度の支障が生じるようなものが該当します。

なお、業務上の必要性から、制度の利用期間を確認したり、妊婦検診の日時を変更できるかどうか意向を確認する行為や、体調の悪い妊婦の就業に配慮する言動は、ハラスメントには該当しません。

※意に反することを伝えているにもかかわらず、さらに同様の言動が行われる場合は、「繰り返し又は継続的」でなくても該当します。

🖊**相談担当者のポイント**

■妊娠・出産・育児休業・介護休業等のハラスメント防止については、男女雇用機会均等法第11条の3及び指針、育児介護休業法第25条及び指針に規定されています。指針には、相談窓口担当者の役割や留意点についても言及されているので内容を確認しましょう。

■妊娠・出産・育児・介護に関係する法律（労働基準法、男女雇用機会均等法、育児・介護休業法）で定められている制度等、及びそれらに関わる自社の制度等について就業規則等で確認しましょう。

③パワーハラスメント

　職場におけるパワーハラスメントについては、労働施策総合推進法第30条の2により事業主に対して防止措置を講ずることが義務付けられています。厚生労働省の指針では以下の１から３までの要素をすべて満たすものを職場のパワーハラスメントと定義しています。

定義

1. 優越的な関係を背景とした言動であって
2. 業務上必要かつ相当な範囲を超えたものにより
3. 労働者の就業環境が害されること

解　説

■労働施策総合推進法第30条の２では以下のとおり規定されています。（詳細は巻末資料６参照）

労働施策総合推進法
（雇用管理上の措置等）
第30条の２　事業主は、職場において行われる優越的な関係を背景とした言動であって、業務上必要かつ相当な範囲を超えたものによりその雇用する労働者の就業環境が害されることのないよう、<u>当該労働者からの相談に応じ</u>、適切に対応するために必要な体制の整備その他の雇用管理上必要な措置を講じなければならない。
　２　事業主は、労働者が前項の相談を行ったこと又は事業主による当該相談への対応に協力した際に事実を述べたことを理由として、当該労働者に対して解雇その他不利益な取扱いをしてはならない。
　３　厚生労働大臣は、前二項の規定に基づき事業主が講ずべき措置等に関して、その適切かつ有効な実施を図るために必要な指針（以下この条において「指針」という。）を定めるものとする。
　４　厚生労働大臣は、指針を定めるに当たっては、あらかじめ、労働政策審議会の意見を聴くものとする。
　５　厚生労働大臣は、指針を定めたときは、遅滞なく、これを公表するものとする。
　６　前二項の規定は、指針の変更について準用する。

ア）「優越的な関係」とは

　業務を遂行するにあたって、抵抗又は拒絶することが難しい関係を言い、上司と部下という役職上の優位性ばかりではなく、同僚や部下による言動であってもキャリアや技能、知識に差がある場合や集団による行為等で抵抗や拒絶が難しいことなども優越的な関係に含まれます。雇用形態の違いも優越的関係を構成する要素となります。

イ）「業務上必要かつ相当な範囲を超えた言動」とは

　社会通念に照らし、明らかに業務上の必要性がない場合や、その態様が相当でないものを言い、業務の目的を大きく逸脱した言動や、業務を遂行するための手段として不適当な言動、行為の回数や行為者の数等が社会通念に照らして許容される範囲を超える言動を指します。

ウ）「就業環境が害される」とは

　身体的又は精神的に苦痛を与えられ、就業環境が不快なものとなったため、能力の発揮に重大な悪影響があり、就業に支障が生じることを言います。判断は、平均的な労働者が、就業する上で看過できない程度の支障があると感じるかどうかが基準となります。

エ）　パワーハラスメントの内容

　どのような行為がパワーハラスメントにあたるかについては、厚生労働省の指針において、上記の3つの要素をすべて満たすことを前提として、次ページのとおり6つの類型が示されています。ただし、この類型が職場のパワーハラスメントに該当しうる行為のすべてを網羅するものではなく、これ以外は問題ないということではありません。

	行為類型	具体的行為	該当する例	該当しない例
1	身体的な攻撃	暴行 傷害	・殴打、足蹴りを行う ・相手に物を投げつける	・誤ってぶつかる
2	精神的な攻撃	脅迫 名誉棄損 侮辱 ひどい暴言	・人格を否定するような言動 　相手の性的指向・性自認に関する侮辱的な言動を含む ・必要以上に長時間にわたる厳しい叱責を繰り返す ・人前で大声での威圧的な叱責を繰り返す ・相手の能力を否定し、罵倒するような内容の電子メール等を複数者宛に送信する	・遅刻など社会的ルールを欠いた言動が、再三注意しても改善されない人に対して一定程度強く注意する ・業務の内容や性質等に照らして重大な問題行動を行った者に対して一定程度強く注意する
3	人間関係からの切り離し	隔離 仲間外し 無視	・意に沿わない者に対して、仕事を外し、長期間にわたり、別室に隔離したり、自宅研修させたりする ・1人に対して同僚が集団で無視し、職場で孤立させる	・新規採用者を育成するために、短期間集中的に別室で研修等の教育を実施する ・懲戒処分を受けた者に対し、通常の業務に復帰させる前に、一時的に別室で必要な研修を受けさせる
4	過大な要求	業務上明らかに不要なことや遂行不可能なことの強制 仕事の妨害	・長期間、肉体的苦痛を伴う過酷な環境下で業務に直接関係のない作業を命ずる ・新卒採用者に対し、必要な教育を行わずに到底対応できないレベルの業績目標を課し、達成できなかったことに対し厳しく叱責する ・業務とは関係のない私的な雑用の処理を強制する	・育成するために現状よりも少し高いレベルの業務を任せる ・繁忙期に、業務上の必要性から、当該業務の担当者に通常時よりも一定程度多い業務の処理を任せる
5	過小な要求	業務上の合理性なく能力や経験とかけ離れた程度の低い仕事を命じることや仕事を与えないこと	・管理職を退職させるため、誰でも遂行可能な業務を行わせる ・気に入らない者に対して嫌がらせのために仕事を与えない	・能力に応じて、一定程度、業務内容や業務量を軽減する
6	個の侵害	私的なことに過度に立ち入ること	・職場外でも継続的に監視したり、私物の写真撮影をしたりする ・性的指向・性自認や病歴、不妊治療等の機微な個人情報について、本人の了解を得ずに他者に暴露する	・本人への配慮を目的として、家族の状況等についてヒアリングする ・本人の了解を得て、性的指向・性自認や病歴、不妊治療等の機微な個人情報について、必要な範囲で人事労務部門の担当者に伝達し、配慮を促す

オ）　パワーハラスメントの判断基準

　客観的に見て業務上必要性がない場合や、業務上の指導、教育の観点から必要性があったとしても、言動の内容や時間的経過、回数、態様などで適正な範囲を超えて身体的・精神的な苦痛を与えている場合が該当します。

　従って、業務上必要な指示、命令、適正な範囲の注意、叱責、教育指導及び正当な評価とそれに基づく処遇などは、パワーハラスメントに該当しません。

カ）　グレーゾーンをどう判断するか？

　業務上の適正な指導であるか、パワーハラスメントにあたるのか境界が微妙で判断に迷うケースもあります。以下のポイントを参考に判断するとよいでしょう。

①指導・指示と業務との関連性や必要性：　業務上必要かどうか？

②言動の内容：　人格を否定していないか？

③言動の態様：　威圧的、陰湿ではないか？
　　　　　　　　（大声で怒鳴る、陰で誹謗中傷など）
　　　　　　　　繰り返し行っていないか？

④発言の場：　発言の場に配慮があったか？
　　　　　　　（多くの人がいる場での発言など）

⑤職場環境：　ふだんからものを言いにくい職場環境か？

> ✒相談担当者のポイント
> ■パワーハラスメントについては、厚生労働省のホームページ「あかるい職場応援団」に取組み方、裁判例などについての情報がありますので、参考にしてください。

ハラスメントにおける法的責任

職場においてハラスメントの問題が起こると、行為者や企業は主に以下のような法的責任を問われます。

行為者

刑事責任

行為の内容により以下のような罪に問われることがあります。

★刑法
第176条　不同意わいせつ
第177条　不同意性交等
第204条　傷害
第208条　暴行
第222条　脅迫
第223条　強要
第230条　名誉毀損
第231条　侮辱

★性的姿態撮影等処罰法
第2条　性的姿態等撮影
第3条　性的影像記録提供等
第4条　性的影像記録保管
第5条　性的姿態等影像送信
第6条　性的姿態等影像記録

民事責任

損害賠償を求められることがあります。

★民法
第709条　不法行為による損害賠償

故意または過失によって他人の権利または法律上保護される利益を侵害した者は、これによって生じた損害を賠償する責任を負う。

企業

民事責任

損害賠償を求められることがあります。

★民法
第415条　債務不履行による損害賠償
第709条　不法行為による損害賠償
第715条　使用者等の責任

★労働契約法
第5条　労働者の安全への配慮

★労働安全衛生法
第71条の2　事業者の講ずる措置

★男女雇用機会均等法
第9条　婚姻、妊娠、出産等を理由とする不利益取扱いの禁止等
第11条　職場における性的な言動に起因する問題に関する雇用管理上の措置等
第11条の3　職場における妊娠、出産等に関する言動に起因する問題に関する雇用管理上の措置等

★育児・介護休業法
第10条他　不利益取扱いの禁止
第25条　職場における育児休業等に関する言動に起因する問題に関する雇用管理上の措置等

★労働施策総合推進法
第30条の2　職場における優越的な関係を背景とした言動に起因する問題に関して事業主の講ずべき措置等

★会社法
第350条　会社代表者の責任

等

ハラスメントと労災認定

　仕事によるストレスが関係して精神障害を発病し、労災補償を受けるケースが増えています。

　厚生労働省では、その労災認定の判断が迅速にできるように「心理的負荷による精神障害の認定基準」を定めています。その中の「業務による心理的負荷評価表」の「具体的出来事」には、パワーハラスメント、セクシュアルハラスメント、カスタマーハラスメント（顧客や取引先、施設利用者等からの著しい迷惑行為）に関する項目があります。

➡各項目についての「心理的負荷の強度」や評価の視点及び留意点等は巻末資料8をご覧ください。

メモ

4. 企業がとるべき対応策

⑴厚生労働大臣の指針に定められている「講ずべき措置」

　セクシュアルハラスメント、マタニティハラスメント等及びパワーハラスメント
については、厚生労働大臣の指針に講ずべき措置が定められています。企業の規模
や職場の状況に関係なく、**必ず講じなければなりません。** これらの措置は、指針に
記載してある具体例を参考にしながら、自社にとって適切と考える方法で実施する
ことになります。

　講ずべき措置のポイントは以下のとおりです。

	セクシュアル ハラスメント	マタニティ ハラスメント等	パワーハラスメント
■事業主の方針の明確化及びその周知・啓発			
	以下について明確化し、管理監督者を含む労働者に周知・啓発すること		
1	・セクシュアルハラスメントの内容 ・セクシュアルハラスメントを行ってはならない旨の方針	・マタニティハラスメント等の内容 ・マタニティハラスメント等を行ってはならない旨の方針 ・妊娠、出産、育児休業・介護休業等に関する否定的な言動（不妊治療に対するものも含む）がハラスメントの発生の原因や背景となり得ること ・制度等の利用ができること	・パワーハラスメントの内容 ・パワーハラスメントを行ってはならない旨の方針
2	・ハラスメントの行為者については、厳正に対処する旨の方針及び対処の内容を就業規則等に規定し、管理監督者を含む労働者に周知・啓発すること		
■相談（苦情を含む）に応じ、適切に対応するために必要な体制の整備			
3	・相談窓口をあらかじめ定め、労働者に周知すること		
4	・相談窓口の担当者が、相談に対し、その内容や状況に応じて適切に対応できるようにすること、また、相談者の心身の状況やハラスメントが行われた際の受け止めなどにも配慮しながら、広く相談に対応すること		
望ましい取組	セクシュアルハラスメント、マタニティハラスメント等、パワーハラスメントについて一元的に相談に応じることのできる体制が望ましい		

	セクシュアル ハラスメント	マタニティ ハラスメント等	パワーハラスメント
■事後の迅速かつ適切な対応			
5	・事実関係を迅速かつ正確に確認すること ・行為者が他の事業主又はその従業員の場合は、必要に応じて他の事業主に事実確認への協力を求めること	事実関係を迅速かつ正確に確認すること	
6	事実確認ができた場合には、速やかに被害者に対する配慮の措置を適正に行うこと		
7	事実確認ができた場合には、行為者に対する措置を適正に行うこと		
8	・事実の有無にかかわらず再発防止に向けた措置を講ずること ・行為者が他の事業主又はその従業員である場合は、必要に応じて他の事業主に再発防止に向けた措置への協力を求めること	事実の有無にかかわらず再発防止に向けた措置を講ずること	
■ハラスメントの原因や背景となる要因を解消するための措置			
9		業務体制の整備など、事業主や妊娠等した労働者その他の労働者の実情に応じ、必要な措置を講ずること	
望ましい取組	労働者や労働組合等の参画を得つつ、アンケート調査や意見交換等を実施するなどにより、運用状況の的確な把握や必要な見直しの検討等に努める		
		妊娠等した労働者に対し、制度等の利用ができるという知識を持つことや、周囲と円滑なコミュニケーションを図りながら自身の体調等に応じて適切に業務を遂行していくという意識を持つこと等を周知・啓発すること	・コミュニケーションの活性化や円滑化のために研修等を行う ・適正な業務目標の設定等の職場環境改善のための取組を行う

25

	セクシュアル ハラスメント	マタニティ ハラスメント等	パワーハラスメント
■併せて講ずべき措置			
10	相談者・行為者等のプライバシーを保護するために必要な措置を講じ、周知すること		
11	相談したこと、事実関係の確認に協力したこと若しくは都道府県労働局に対して相談、紛争解決の援助・調停の申請を行ったこと又は調停の出頭の求めに応じたこと等を理由として解雇その他不利益な取扱いをされない旨を定め、労働者に周知・啓発すること		
12	事業主は、その雇用する労働者又は事業主のセクシュアルハラスメントに関し、他の事業主から事実関係の確認等雇用管理上の措置の実施に関し必要な協力を求められた場合には、これに応ずること		
望ましい取組	事業主は、事業主自身及び雇用する労働者が他の労働者や労働者以外の者（個人事業主、インターン、求職者等）に対する言動に対しても注意を払うこと。また、ハラスメントを行ってはならない旨の方針の明確化や相談対応等の措置を講ずること		
			事業主は、他の事業主やその雇用する労働者からのパワーハラスメントや顧客等からの著しい迷惑行為により、雇用する労働者の就業環境を害されることのないよう、雇用管理上の配慮（相談対応、被害者への配慮、被害防止措置等）をすること

⑵ハラスメント相談窓口の整備

　前項にあるとおり、企業はハラスメントの相談窓口を設置し、内容や状況に応じて適切に対応するために必要な体制の整備を行わなければなりません。事後の迅速かつ適切な対応も含めた流れを例示するとP28のとおりとなります。

　この流れの先頭にあるハラスメント相談窓口（一次対応）は、ハラスメント防止のうえで、極めて重要な役割を担っています。しかしながら、設置するだけでは、

十分な機能を果たしてはくれません。

　機能するためには、体制の整備が必要不可欠となります。特に窓口の初期対応は、ハラスメントを未然に防いだり、深刻化することを防ぐことができますので、気軽に相談できる窓口をつくるとともに、内容等に応じて適切に対応できるような体制を整備しましょう。

　相談窓口体制整備のポイントは以下のとおりです。

■相談しやすい相談窓口（一次対応）のために

□相談担当者は男女共含めた複数を選任し、相談者の側で担当者を選択できること

□相談担当者の人選にあたっては、ハラスメントや人権問題に対する十分な理解を持つ人、日頃の言動が同僚に信頼されている人、人の話を聴く姿勢がある人、中立的な立場で問題解決に取組む人等を念頭におく。社内の保健師、看護師、カウンセラー等も相談しやすい

□相談受付経路は面談のほか、電話、メール等複数設ける

□初期の段階で安心して相談できるよう、プライバシー保護と不利益取扱いがないこと、些細なことでも相談に応じること、相談対応の流れなどをわかりやすく示し、周知する

　入社時のガイダンスで周知する、ハラスメントに関するアンケートと同時に周知する、定期的に周知する等も効果的

□セクシュアルハラスメント、パワーハラスメント、マタニティハラスメント等が複合的に生じることも想定されるため、各種ハラスメントの相談に一元的に応じることができるような体制にする

■相談対応の体制づくり

□相談担当者への教育・研修制度の整備

□相談担当者マニュアルの整備

□相談担当者が、対応が困難・迷うケースに対する助言・援助の体制整備

□医療、法律等各種専門家（機関）へのルートの確立

□相談記録の保管・取扱いルールの整備

ハラスメントの相談・苦情への対応の流れ（例）

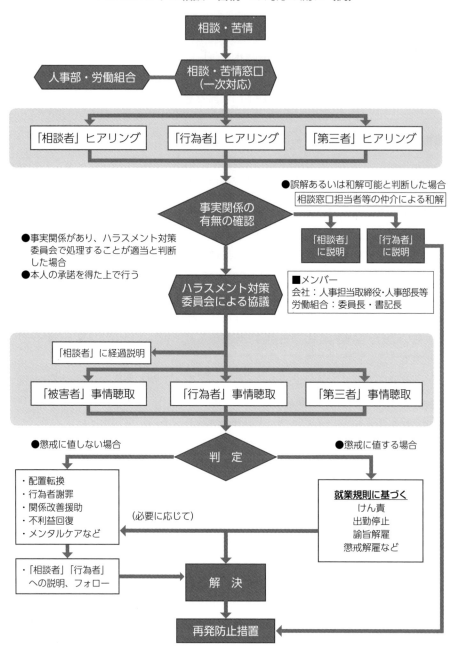

相談・苦情

人事部・労働組合 ← 相談・苦情窓口（一次対応）

「相談者」ヒアリング　「行為者」ヒアリング　「第三者」ヒアリング

事実関係の有無の確認

●誤解あるいは和解可能と判断した場合
相談窓口担当者等の仲介による和解

「相談者」に説明　「行為者」に説明

●事実関係があり、ハラスメント対策委員会で処理することが適当と判断した場合
●本人の承諾を得た上で行う

ハラスメント対策委員会による協議

■メンバー
会社：人事担当取締役・人事部長等
労働組合：委員長・書記長

「相談者」に経過説明

「被害者」事情聴取　「行為者」事情聴取　「第三者」事情聴取

●懲戒に値しない場合　　判定　　●懲戒に値する場合

・配置転換
・行為者謝罪
・関係改善援助
・不利益回復
・メンタルケアなど

（必要に応じて）

就業規則に基づく
けん責
出勤停止
諭旨解雇
懲戒解雇など

・「相談者」「行為者」への説明、フォロー

解　決

再発防止措置

Ⅱ　相談窓口の対応

1. 相談担当者の基本的留意点

　相談担当者の基本的留意点について解説します。新しく相談担当者に選任された人はもちろんのこと、経験を積んでいる人も定期的に基本的留意点を再確認しましょう。

⑴相談担当者の役割を認識する

　第一に、職場におけるハラスメントは、**個人間の問題ではなく雇用管理上の問題**ですので、その相談対応にあたる**相談担当者は経営上重要な役割を担っている**ことを認識しましょう。

　相談担当者は単に相談や苦情を受け付けて処理をするだけではなく、相談担当者の存在がハラスメント発生の抑止力になることや、ハラスメント発生の初期段階において適切に対応できれば、問題が生じることを防いだり、大きくこじれる前に解決すること等が期待されています。ハラスメントのない職場は、働きやすい職場をつくることにつながりますので、**企業組織活性化の推進役**ともいえます。

　次に、相談担当者としての役割の範囲を確認しましょう。

　一言に「相談担当者」といっても、その役割は、企業によっては、相談を受け付けて話を聴く**「一次対応」に限る場合**と、**「一次対応」だけではなく、その後の行為者や第三者の事実確認、措置の検討、相談者及び行為者への説明やフォロー、再発防止策の検討まで一貫して行う場合**等があります。自分はどこまでの範囲を担うのかを認識し、その先はどのように問題解決がなされるのか、その道筋をよく理解しておくことが必要です。

⑵ハラスメントに対する正確な理解と知識を持つ

　ハラスメントについて、本書「Ⅰ　職場におけるハラスメントについての基礎知識」にある基本的な内容はもちろんのこと、自社におけるハラスメント防止に関する方針を正しく理解しておく必要があります。

　また、ハラスメントの内容は極めて多様で複雑ですから、自社での事案や裁判例等の具体的な事例を通して学習を重ね、知識を深めましょう。方法としては、社内での学習会や研修会の実施、社内実施が難しい場合は社外での研修会参加等が考えられます。その際には、ロールプレイなどの体験学習を取り入れ、傾聴訓練も兼ねて行うことが必要不可欠です。

　さらにいえば、ハラスメントに関わる「人権」や「メンタルヘルス」、多様な

人材を活かす「ダイバーシティ」等の知識を備えることも大切です。

⑶問題に迅速に対応できる体制づくり

　ハラスメント問題は、事態が深刻化する前の初期対応を迅速に行うことが重要です。被害を出す前に防いだり、被害が出てしまった後でも悪化を防ぎ最小限に留めることができます。また、そうした迅速な対応により、企業のハラスメント防止の方針が明確に伝わり、従業員の信頼感につながります。

　そのためには、相談担当者が迅速に対応できるようハラスメントの正確な知識と社内の問題解決の流れなどを把握し、自社の対応マニュアルを熟読しておく必要があります。また、相談担当者がよりよい解決に向けて相談や協議、あるいは判断を仰ぐ際の社内外の体制について確認しておくと迅速な対応につながります。

　このように、初期の迅速な対応をするためにも、**相談しやすい窓口づくり**が望まれます。相談担当者は、日頃から従業員に顔を知ってもらう、何か相談したいような素振りが見える時には何気なく一声かけるなど工夫してみましょう。

⑷相談の対象範囲は柔軟に

　ハラスメント相談窓口での相談の対象者並びに相談内容については、柔軟に幅広い範囲で受け付けることが望まれます。たとえ些細なことでも、話を聴いていくと深刻な問題が潜んでいることがありますし、相談担当者が誠実に対応することで、社内で信頼感が生まれ、相談しやすい窓口になります。

　想定される相談者と相談内容の例は次頁のとおりです。なお、相談対象者には正社員だけではなく、パートタイマー、契約社員、アルバイト、派遣社員、常駐業務請負等も含まれます。

相談者	相談内容（例）
被害者	・職場内あるいは職場外で上司・同僚からハラスメントを受けた ・ハラスメントに該当するかどうかわからないが、不適切な言動を受けた ・職場でいじめを受けている ・妊娠・出産・育児・介護の制度が使えない ・取引先・顧客からハラスメントを受けて困っている
第三者	・職場でハラスメントを見かけ、不快に思っている、気が滅入る ・ハラスメントの相談を受けたが、どのようにしたらよいかわからない ・ハラスメントに該当するかどうかわからないが、職場内に気になることがある
行為者	・自分の言動がハラスメントに当たると言われたが… ・自分がハラスメントの加害者として陥れられるのではないかと心配している
その他	・ハラスメントと言われると困るのでよい指導方法を教えてもらいたい ・職場内がギスギスしている ・LGBTに関する相談をしたい

2. 相談・苦情対応の心構え

　まず、相談窓口を訪れる人の心境を想像してみましょう。

　ハラスメントは非常にデリケートな問題ですので、相談者は、「自分のことをわかってもらえるだろうか」、「もしかしたら自分が責められるかもしれない」、「相談するとどうなるのだろうか」など、複雑な心境で相談窓口を訪れます。相談担当者はその心境を理解したうえで、援助的に対応することが求められます。

　相談対応を効果的に行うために心がけたいことは以下のとおりです。

(1)相談者との信頼関係の構築

　最も大切なことは、**相談者と相談担当者の間に信頼関係を構築すること**です。

　ハラスメントは内容的に話しづらいことが多いので、「この相談担当者なら話してもよい」あるいは、「この相談担当者ならばわかってくれるかもしれない」と信頼されなければ、相談者は、ハラスメントの内容や本当の気持ちを話してはくれないでしょう。

　そのために、**日頃から心がけておきたいこと**が二つ挙げられます。

　一つは、多くの従業員にできるだけ**顔と名前を知ってもらうこと**です。相談者の心理として、顔も名前も知らない相談担当者ではためらいを感じてしまうのではないでしょうか。

　最初は電話やメール等で相談をするケースが多いでしょうが、相談者が顔を思い浮かべながら話ができる場合とそうでない場合とでは、安心感がかなり違います。例えば、自分から積極的に各職場を訪ねて気楽な雰囲気で声をかけたりすれば、顔と名前もわかり、従業員のほうも何かあれば相談を持ちかけやすくなるでしょう。

　二つ目は、**「信頼できる」という印象**を持ってもらえるような行動を心がけることです。例えば普段から、同僚のプライバシーに関わることや仕事上知り得た情報で口外すべきではない事柄をむやみに他言しない、同僚間の噂話に加わらないなど、日頃の言動や態度において信頼されることが大切です。

　面接の中での信頼関係構築については後述しますが、面接を**始める前の心構え**として大切なことは、**相談担当者が相談者を信頼すること**です。相互に信頼し合わなければ信頼関係は構築できません。どのような話が出ようとも信じる姿勢で臨みましょう。

　また、相談を受ける時が初対面であれば、**「第一印象」**も重要な要素です。相

談者が相談室に入って来る時には、**穏やかに友好的な表情**で迎え入れましょう。そのためには、時間と心に余裕を持てるように前後のスケジュールを組むなどの工夫をしましょう。

⑵相談者の立場の尊重

　　まず、**相談者と行為者の職場における立場を正確に理解**し、**相談者の立場を思いやる視点を持って**接しましょう。

　相談者は一人で悩み、迷った末に相談に来る場合が多く、「果たしてわかってもらえるだろうか」、「自分が悪いと責められたり、非難されないだろうか」、「ただ話を聴くだけで、問題解決に真剣に対応してくれるだろうか」など様々な不安や葛藤を抱えています。

　そこで何よりも、こうした相談者の心理状況を共感的に理解し、誠実に優しく、相談者の立場に立って対応することが大切です。

　相談者の話を聴きながら、態度や表情も含めて「あなたの立場に立って理解していますよ」というメッセージが伝われば、相談者は「この人だったら、ありのままに話そう」という気持ちになってくるでしょう。そこで話されたことは、たとえ相談担当者にとって信じがたいことであっても、まずはありのまま受け止めることが大切です。つまり、相談者の立場に立って、「この人はそのように捉えている、感じている」と受け止めます。そうした相談者を尊重する姿勢は信頼につながります。

⑶ゆっくり丁寧に聴く

　　相談者は不安定な状態で気持ちの整理もついていないことが考えられます。だからといって、相談担当者が主導権を持って内容を聞き出そうとしてはいけません。あくまでも相談者にペースを合わせながら、心のゆとりを持って話しづらい内容のことでも話せるような雰囲気づくりに注力しましょう。

　そのためには、相談時間前後のスケジュールを調整し、相談担当者もゆとりを持ってゆっくり丁寧に聴くことができるよう準備をすることが大切です。

　ただし、迅速な対応が必要とされる内容については、その旨を相談者に伝え、相談担当者が確認すべき事項に協力を仰ぐことが必要となります。

⑷相談者の気持ちに寄り添いながら言語化を促す

　　前述のとおり相談担当者が主導的に内容を聴いていくのではなく、**まずは相談**

者に語ってもらうことが肝要です。相談者が話している途中で自分の意見が浮かんだとしても、それを述べるのではなく、**最後まで相談者の話を聴きましょう。** なぜならば、相談担当者が意見を述べると、相談者は少なからず影響されてしまうからです。

　相談者に同意を求められたり、意見を求められた場合には、安易に同意や意見を述べるのではなく、「○○さんは、××されて、そのように感じられたのですね。それはお辛いですね。もう少し△△のあたりを詳しくお聞かせいただけますか？」と相手の気持ちに寄り添いながら、相談者の気持ちや考え等を素直に言葉にして語れるよう促していきましょう。

⑸プライバシーの保護と人権への十全の配慮

　プライバシーの保護と人権への十全の配慮は、相談対応において、最も重要な事柄であり、細心の注意を払わなければなりません。

　相談者には、相談開始時に「プライバシーは保護される」ことを伝えますが、その際、誰にどの部分を報告するのかについても併せて伝え、同意を得ます。

　さらに、相談をしたことにより解雇やその他の不利益な取扱いはされないことも伝え、安心して相談してもらえるよう配慮します。

　また、問題解決に向けて相談内容を開示する必要性が生じた場合には、開示先と開示する範囲についても伝え、同意を得る必要があります。

　相談対応の記録についても、紙のファイルは鍵のかかる場所に、電子ファイルの保存はパスワードでの保護や専用のＰＣをネットワークに接続しない等、厳重に管理し、相談内容が決して外に漏れることのないよう注意しましょう。

　これらのことは、社内の窓口運営に関するルールに定めておく必要があります。

　相談担当者は前もってその内容を確認し、相談者および行為者のプライバシーの保護と人権への十全の配慮を行いましょう。

⑹相談者が何を望んでいるかを確認する

　問題解決にあたっては、相談者と十分に話し合い、何を望んでいるかを聴き、相談者が納得する解決を目指します。その際には、相談担当者から見て望ましい解決方法に向けて説得するのではなく、適切な情報提供や助言などのコンサルティングをしつつ、相談者の立場に立って一緒に考えるスタンスでコミュニケーションを重ねます。

　相談者が望む解決方法については、相談担当者の理解と齟齬が生じないよう**再**

確認をすることも必要です。

⑺対応が困難なケース

　対応が難しいと判断される場合には、ためらわずに他の担当者の同席や交代等をしてもらいましょう。自分の能力の範囲を認識することも相談担当者としてはとても重要なことです。

　特に困難なケースとして、相談者が激しい精神的ショックを受けた直後の場合があげられます。具体的な状況を話すことでさらに苦痛を強めることとなりますので、注意が必要です。その際には必ず専門家の指示を仰ぎましょう。

　また、心身のケアの必要性がある場合には、産業医や専門機関へつなぎ、診断書等受診の記録をもらうことを指示します。

　いずれにしてもハラスメントの相談対応は非常に複雑で困難なケースが多くありますので、相談担当者間で定期的に検討会や学習会等を持ちながら、研鑽に努めましょう。

相談担当者が持っておきたいメンタルヘルスの知識

　相談窓口を訪れる相談者の中には、ハラスメントによって心身の健康を損なってしまったという事例が多くあります。

　相談担当者は、相談者の心身の状況を確認し、必要に応じて専門機関につなげるなどの対応ができるように、基本的なメンタルヘルス対策や疾病について知識を得ておくことが必要です。

　行為者側も、メンタルヘルス不調を抱えていたり、突然ハラスメントを申し立てられたことにより、心身の健康を害するという例もあります。その際には相談者と同様に専門機関につなげる必要があります。

　会社のメンタルヘルス対策についても把握しておきましょう。

3. 相談対応の進め方

相談への対応は次のような流れで行います。

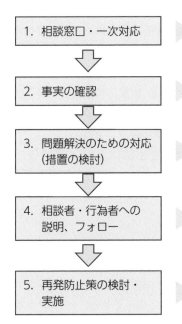

| | 相談者が窓口の面談だけを希望、あるいはここで解決ができれば終了となります。 |

1. 相談窓口・一次対応 → 相談者が窓口の面談だけを希望、あるいはここで解決ができれば終了となります。

2. 事実の確認 → 事実かどうかを確認するために、行為者、場合によっては第三者から事情を聴取します。

3. 問題解決のための対応（措置の検討） → 2の聴取内容を踏まえて、会社としてどのような対応をとるのか検討します。

4. 相談者・行為者への説明、フォロー → 相談者、行為者の双方に会社としての対応について丁寧に説明し、理解を得るとともに、事後のフォローも行います。

5. 再発防止策の検討・実施 → ハラスメントが起こった原因や背景を分析するとともに、再発防止策を検討し、それを実施します。

⑴相談窓口における一次対応について

　はじめに、相談窓口で一次対応を行うにあたって、相談者が話しやすくなるように環境を整えます。

　ここでは、一次対応における相談担当者の選任から面接終了まで解説します。

相談者（一次対応）面接
■対応する相談担当者の選任

　相談者の側が複数の相談担当者の中から、特定の相談担当者を指名して相談を申し入れた場合には、その相談担当者が対応することとなるでしょう。

　それ以外の受付システムにより相談対応をする際には、あらかじめ把握している相談者と相談内容により対応する相談担当者を決めていきます。**誰が聴いたら相談者が話しやすいかという視点**に立つことが大切です。

　例えば、セクシュアルハラスメントや妊娠・出産等に関するハラスメントで女性が相談者の場合は、男性には話しにくい場合もありますので、女性の相談担当者が対応する、あるいは同席する等の配慮が必要でしょう。

　また、複数で対応する場合は、対応の矛盾が生じないように留意してください。主となって話を聴いていく人を決めておくことやおおまかな役割を決めておくことも方法の一つです。

■事前準備のポイント

　面接を始める前に以下の点に注意して始めましょう。

場の設定	□プライバシーが確保できる部屋であること □静かで落ち着いて話ができる場所であること □温度、採光、照明が快適であること □リラックスして話せるような机、椅子の配置であること	相談者が安心・安全感を持って相談できる環境を用意する。
時間の設定	□相談者が来談しやすい時間と相談担当者にゆとりがある時間を調整すること □相談時間は60分前後とすること	60分以上になると集中して聴くことが困難になる。
相談担当者自身の準備	□相談時間前後の仕事の調整を行い、ゆとりを持つこと □あらかじめ把握している相談内容を確認しておくこと □落ち着いて対応できるようにリラックスしておくこと □鏡で表情をチェックすること	温かく穏やかに迎えるために、深呼吸をする等リラックスし、自分の表情を確認する。

■開始場面のポイント

事前の準備が整ったら、面接開始となります。

相談者入室	□穏やかな表情で温かく迎え入れ、席を勧める □座る距離が相談者にとって適切かどうかを確認する	導入部分では、相談者がリラックスして話がしやすい雰囲気づくりが大切。 相談担当者は事前準備で緊張をほぐして臨む。
雰囲気づくり 信頼関係づくり	□安心感を与えるように友好的に挨拶をする □緊張を和らげ、少しでも役立ちたいという気持ちを感じ取ってもらう □相談者の心境をくみ取り、やわらかく声をかける (例)「よく勇気を出して連絡してくださいましたね」 　　「緊張していらっしゃいますか」	
プライバシー保護・不利益な取扱いがないことの保証	□面接の最初に、プライバシーの保護と相談したことによる不利益な取扱いはないことを伝える □調査や問題解決の過程で開示する必要性が生じた場合は、**必ずあらかじめ相談して同意を得ること**を伝える □相談対応の報告の範囲を伝える □相談担当者の役割や相談対応の全体の流れ、おおよその面接時間について説明をする □解決のためにメモを取りながら聴くこと、記録は厳重に管理され、相談者の同意なしに開示されることはないと伝える	相談者の警戒心を解き、安心して話をすることにつながる。 ゆっくりと明確に伝え、相談者が理解していることを確認する。

■事実等の聴取

ここからは、いよいよハラスメントについて具体的な事実等を聴いていきます。

相談者の話を傾聴	□相談者に訴えたいことを自由に話してもらう （例）「まずは、ゆっくりで構いませんので、○○さんからお話しいただいてよろしいですか？話しやすいところからでいいですよ」 □傾聴技法を用いながら、受容的態度、共感的態度で聴いていく 注）「傾聴を妨げるもの（P57）」に注意する	相談担当者は、あせらず、じっくり最後まで聴かせていただくという謙虚な態度で臨む。セカンドハラスメントにならないよう、十分に注意。
事実関係の整理・確認	□相談者の話を聴きながら、事実関係を整理・確認する □確認した事項をメモする	順序立てていなくても、相談者が自由に話す中で把握し、不足する部分は面接技法を用いながら必要な情報を得る。
	【確認事項】 ✓行為者は誰か 　①行為者と相談者との関係 ✓問題行為が、いつ、どこで、どのように行われたか 　①日時、場所、具体的内容（言動・態様等） 　②身体的損傷を受けたり、精神的な不調をきたした場合は医療機関の受診の有無 　③目撃者はいるか 　④ハラスメント言動に至る契機となった出来事はあるか 　⑤繰り返し行われているか（頻度、期間） 　⑥共謀者・同調者はいるか ✓相談者はどのように感じたか 　①驚き、不快感、恐怖心、怒り、傷つき等その時の気持ちと程度 　②身体の震え、冷や汗、動悸、嘔吐感等身体反応の有無 ✓相談者はどのように対応したか 　①「やめてください」等、意に反するという意思表示をしたか 　②意思表示をしなかった場合はその理由 　　（驚いて、報復を恐れて言えなかった等）	

事実関係の整理・確認	✓他の人に対しても同様の行為はあるか ✓誰かに（上司、同僚、家族等）相談したか 　その結果どう考えたか ✓現在の行為者との関係はどうか 　①問題行為は続いているか 　②相談者の職場生活に支障はあるか 　③育児・介護等に関わる問題行為であればどのような支障が出ているか ✓現在の相談者の心身の状態はどうか 　①どのような気持ちで過ごしているのか 　②心身反応があるか 　（例） 　　心理的反応＝不安、恐怖、緊張、抑うつ、気力低下、過敏等 　　身体反応＝不眠、食欲不振、疲労感、倦怠感、動悸、腹痛、めまい等 　③妊娠・出産等に関わる症状はどうか 　④これらの症状は、日常生活や職業生活に支障をきたしているか ✓どのような解決方法を望むのか 　（例） 　①話を聴いてほしい 　②言動を止めてほしい 　③妊娠・出産・育児・介護等に関わる制度を利用できればよい 　④行為者の謝罪を求める 　⑤行為者との接点をなくしてほしい 　⑥行為者への注意・警告をしてほしい 　⑦行為者への懲戒処分を求める 　注）相談者が希望する解決策を持っていない場合には、相談担当者が選択肢を示し、選択した場合の結果も含めて丁寧に説明する。 　　　どれを選択するかは、相談者の判断を尊重する。

事実関係について整理ができたところで終了となります。

■面接の終了

面接終了の際の留意点は次のとおりです。

面接の終了	□必要な事項を漏れなく聴いたことを確認する □希望する解決策を再確認する □実際の解決策は調査結果によることを説明する □調査等解決するにあたり、相談者および相談内容の開示範囲（誰に、どの範囲まで等）を説明し、同意を得る （例）行為者、第三者、人事部門、ハラスメント対策委員会等 □調査に要する時間の見通しと万が一長引く場合には途中経過を報告する旨伝える □新たな事態や状況の変化が起きた場合や何か心配なこと、質問等があれば、連絡して欲しい旨伝える	特に希望する解決策の再確認と開示範囲の同意を得ることは重要。ここで誤りが生じると問題がこじれるので注意する。 心身の状況によっては、医療機関等適切な専門機関等につなぐ。（自死念慮等の恐れのある場合には、産業医等に速やかに相談。）
謝意の表明	□勇気を出して相談してくれたことに感謝の意を表す （例）「今日は勇気を持って来ていただき、ありがとうございました。信頼して話してくださったことに心から感謝します」	相談者が話したこと、相談したことに不安を抱かないように、心からの謝意を伝える。

行為者が社外の人の場合は？

行為者とされる人が社外の人の場合であっても、相談担当者は相談者の気持ちに寄り添いながら話を聴き、事実関係を整理し、望む解決方法等を確認していきます。

例えば、取引先や業務サービスの利用者（顧客）が行為者の場合に、取引先や顧客を失う恐れがあるという理由でうやむやにしたり、相談者に我慢をさせるなどの方法をとれば、後々さらに大きな問題を生むことにもなりかねません。また、取引先にとってもハラスメントの行為者を抱えることはリスクです。

問題解決にあたっては、会社としての対応が必要となりますので、相談窓口担当部門、取引先・顧客等担当部門や業務責任者等が連携して、相談の上進めることになるでしょう。相談者に対して、会社としての対応を検討するため、どのように連携して進めていくのか、開示先や開示範囲等について丁寧に説明し、承諾を得て進めていきましょう。

⑵事実の確認

　相談者の面接が終わったら、それが事実であるかどうかを確認するために行為者の面接を行います。場合によっては第三者との面接が必要になります。

　行為者、第三者の面接については、相談者と同様に**傾聴技法を用い**ながら、相手を尊重し、必要な情報を得ていきます。

　なお、セクシュアルハラスメントの行為者が他社の事業主や社員であった場合、必要に応じて先方企業に事実関係の確認や再発防止策の実施について協力を要請しましょう。また、反対に他社から事実確認等について協力を求められた場合は、誠実に応じるようにしましょう。

行為者面接
■行為者の面接にあたっては、必ず相談者の同意を得ること
■面接担当者の選任

　相談者対応をした相談担当者が行う場合と、人事責任者やハラスメント対策委員会・調査委員会のメンバーが行う場合等があります。選任にあたっては、「行為者にとって誰が一番本当のことを語りやすいか」という視点に立つことが重要です。

　また、面接対応は複数で行い、聴取した内容に間違いがないか確認していきましょう。

■事前準備から面接終了まで

事前準備	□一次対応の相談担当者、相談者面接の記録等により、**相談者の同意を得ていること**、相談者が望む解決策（意向）を確認する □行為者に面接の同意を得て、約束をとりつける	行為者には詳細に説明せず、協力を求める態度で連絡する。
面接担当者の心構えと留意点	□人権を尊重する □行為者（加害者）と決めつける態度は慎む □弁明の機会を十分に与える □毅然とした態度をとる	

面接の開始	□面接担当者の自己紹介と来てくれたことへの謝意を表す □プライバシーは保護されることを伝える □面接の目的を説明し、問題解決のために面接を行う旨伝える □ハラスメント対策委員会・調査委員会は公正中立に対応する旨説明し、事実確認の協力を促す （例）「ハラスメント対策委員会・調査委員会は公正中立に判断して、問題を解決するように支援いたしますので、事実をありのままにお話しいただきますようお願いします」 □虚偽や隠ぺいは許さないことを伝える □解決のためにメモを取りながら聴くこと、記録は厳重に管理されることを伝える	行為者は、突然のハラスメント調査に戸惑い、怒り、大きな不安等感じている場合が多いので、その心境を汲み取りながら進めていく。
事実等の確認	□相談者から聴取した内容について事実かどうか確認する □聴取した内容を記録する	相談者と同様に傾聴技法を用いて聴く。詰問にならないように注意。
	【確認事項】 ✓行為者と相談者の関係 ✓相談者から聴取した事実関係の有無 ✓相談者から聴取した事実関係との相違点 ✓具体的な言動の内容 　①いつ、どこで、どのような言動・態様だったか 　②その時の相談者の反応とその後の様子 　③目撃者はいるか 　④誰かと一緒にその言動をしたのか 　⑤他の人に対しても同様の言動をしたことはあるか ✓なぜそのような言動をしたか、するに至ったか 　①原因や遠因はなにか 　②心身の状況はどうか □ハラスメントと理解できるかどうか □相談者に対して謝罪等の意思はあるか	ハラスメントは許されない行為であるが、なぜそのような言動をとってしまったのかを受容的、共感的態度で聴いて理解することが重要。

面接の終了	□必要なことを漏れなく聴いたかどうか確認する □聴取した内容を記録し、行為者にその内容を確認する □調査期間の目安等今後の流れについて説明する □報復行為の禁止、相談者や相談内容の秘密保持厳守、中傷・うわさの流布禁止、相談者が匿名の場合、相談者を捜すことの禁止及びそれが守れなかった場合のペナルティについて説明する □場合によっては、相談者への接近禁止命令を行う □何かあれば、委員会メンバーに相談できることを伝える	相談者と同様に行為者についても、心身の状況によっては、医療機関等適切な専門機関につなぐ。
謝意の表明	□調査協力、話してくれたことに謝意を表す	

第三者面接

　第三者面接は相談者と行為者の間で事実関係に争いがある場合や相違点がある場合等事実の確認が困難な場合に実施します。誰を選ぶかについては、相談者とも話をして決めていきますが、人数が多くなると秘密保持が難しくなることが考えられますので、**できる限り人数を絞って**行います。

　第三者についても、相談者や行為者と同様に相手を尊重して聴いていきます。

■**第三者の面接にあたっては、必ず相談者の同意を得ること**

■**面接担当者の選任**

　先に述べた「行為者の面接担当者の選任」を参考にしてください。

■**事前準備から面接終了まで**

事前準備	□一次対応の相談担当者、相談者面接の記録等により、相談者の同意を得ていることを確認する □第三者に面接の同意を得て約束をとりつける	

面接担当者の心構えと留意点	□第三者に話を聴くことで外部に情報が漏れやすいことも考えられるので、人数は絞って行う □ハラスメント事案の概略及び第三者との面接に必要な部分以外は開示しない □状況説明をする時には客観的な表現を用いる □個人間の問題ではなく、雇用管理上又は組織の問題としてとらえてもらう	
面接の開始	□面接担当者の自己紹介と来てくれたことへの謝意を表す □プライバシー保護と調査協力をしたことでの不利益は一切生じない旨説明する □面接の目的を説明し、会社として問題解決をするために面接を行う旨伝える □見聞きした事実をありのままに話してもらえるよう伝える □解決のためにメモを取りながら聴くこと、記録は厳重に管理されることを伝える	調査協力をしたことで、行為者から報復を受けたり、何か不利益なことがあるのではないかという不安等、第三者の心境を理解し、プライバシー保護と不利益な取扱いがないことを伝える。
事実等の確認	□相談者・行為者から聴取した内容について事実かどうか確認する □聴取した内容を記録する	聴く姿勢は、相談者・行為者と同じ。
	【確認事項】 ✓相談者、行為者、第三者の関係 ✓ハラスメント事案になっている行為の有無 　①いつ、どこで、どのような言動・態様だったか 　②その時の相談者及び行為者の反応とその後の様子 　③他に目撃者はいるか 　④行為者は他の誰かと一緒にその言動をしたのか 　⑤他の人に対しても同様の言動をしたことはあるか ✓なぜそのような言動をするに至ったか原因や遠因に思い当たることはあるか	

面接の終了	□必要なことを漏れなく聴いたかどうか確認する □聴取した内容を記録し、第三者にその内容を確認する □相談者・行為者のプライバシー保護のために、当該事項に関して秘密の厳守と中傷・うわさの流布禁止、及びそれが守れなかった場合のペナルティについて説明する □何かあれば、委員会メンバーに相談できることを伝える	相談者・行為者のプライバシー保護のために秘密厳守を徹底する。
謝意の表明	□調査協力、話してくれたことに謝意を表す	

⑶問題解決のための対応（措置の検討）

　先述のとおり、相談窓口担当者が一次対応を実施し、その後も引き続き人事部門等と連携して事実関係の調査を行う場合や、事実関係の調査からはハラスメント対策委員会・調査委員会が行う場合などがあります。

　いずれにしても、その調査結果を踏まえて社内ルールが定める委員会等で、会社としてどのように対応するのか必要な措置を検討し、実施していくこととなります。

　その際の留意点および考えられる措置の例などは次のとおりです。

■措置決定前の留意点

□最終決定する前に、相談者の意向を再確認する
□調査に時間がかかる場合は、相談者に進捗状況を報告し、了承を得るとともに、現状で対応すべきことがないかどうか確認する
□人事部門等関連する部署に社内規定に違反するか否か、配置転換に関する問い合わせ等、連絡調整を行う（これらの開示先、開示内容については、あらかじめ相談者の同意を得る）

■対応策検討の際のポイント

　対応策検討の際には、ハラスメントの定義及び判断基準、関係法令、会社の就業規則、裁判例などと照らし合わせて検討します。

　判断するポイントは以下のとおりですが、重大あるいは深刻な事案や判断が困難、迷う等の場合は、早期に弁護士等の専門家、都道府県労働局に相談することも考えられます。会社の対応は「正確さ」とともに「迅速さ」も重要な要素です。

□相談者の心身の状況はどうか
□事実関係の調査結果を踏まえて、相談者と行為者の関係、当該行為の目的や動機、時間や場所、当該行為の態様や程度、頻度、期間などで判断していく

■措置の例

　ハラスメントがあったと判断された場合は、相談者が被った不利益の回復を図り、相談者・行為者の関係を改善し、働きやすい職場環境をつくるために必要な措置をとります。

　措置の例は次のとおりです。

①軽微なレベルと判断された場合

（例）
- ●行為者に、問題行動を止めるよう注意を促し、相談者が要求する場合や必要と考えられる場合は相談者に謝罪してもらう
- ●行為者の上司にその後の行動を観察してもらい、問題のある行動は適宜注意してもらう
- ●相談者が希望する場合は、当事者間の関係改善のための調整をする
- ●必要に応じて、メンタルヘルスの相談や専門医等専門機関の受診を勧める

②悪質であると判断された場合

（例）
- ●当事者間を引き離すための配置転換を行う　（相談者の意向を尊重すること）
- ●相談者が不利益を受けている場合には、その回復をはかること
- ●就業規則に沿って行為者に対して懲戒処分を行う

■ハラスメントがあったとは判断できないが事態の悪化が想定される場合

　ハラスメントに該当するか否かを判断することだけが重要ではありません。事実関係の調査結果でハラスメントと判断できなかった場合においても、どのような問題があったのかを明確にして、行為者の行動の改善を促すことが大切です。働きやすい職場環境をつくりあげるためには、たとえ些細なことであっても事態が悪化する前に会社が取り組む必要があります。

　また、相談者に対しては、ハラスメントがあったとは判断できなかった理由とその後の行為者への対応について丁寧に説明します。

■ハラスメントの事実が確認・評価できない場合

　事実関係の調査の結果、ハラスメントが確認・評価できなかった場合は、相談者に対し、丁寧にその過程を説明して理解を得ます。

　その際には、ただ単に説明するだけではなく、相談者がなぜ申立てに至ったのか、何か他の要因があるのか等の把握に努め、その後のフォローの必要性についても考えます。

　気持ちにわだかまりが残るような場合は、カウンセリング等につなぐことも検討します。

⑷相談者・行為者への説明・フォロー

　相談者と行為者の双方に対して、事実関係の調査結果とそれを踏まえた会社の対応について、説明を行い、理解を得るようにします。

　また、その後もフォローすることが必要となります。

■説明の際のポイント

□事実関係の調査結果について
□調査結果を踏まえた会社の対応とその考え方
□行為者の言動に関する問題点とその改善策
□相談者についても問題があった場合には、問題点とその改善策（助言）

■相談者・行為者へのフォロー

（相談者に対する例）
●行為者の報復等不安を持つ相談者に対して定期的な面談を行う
●相談者に対するメンタルケア
●相談者にとって安全で快適な職場になっているか上司が日常的に観察、援助する
（行為者に対する例）
●行為者の上司によるモニタリング
●行為者に対するメンタルケア
　　ハラスメントを申し立てられたこと、あるいは処分等に納得がいかない行為者はメンタルヘルス不調を起こす場合がある
●行為者に対する再発防止プログラムの実施（各種研修等）

■問題がこじれてしまったら

　相談者や行為者が問題解決の過程で会社の対応に不満や反発が見られ、解決が困難になった場合には、社内だけで解決しようとせず、早期に顧問弁護士等専門家、専門機関に相談の上進めていくことが大切です。

⑸再発防止策の検討

　　ハラスメントの再発を防止するためには、行為者と相談者に個別に措置やフォローを実施するだけでは十分とは言えません。

　　ハラスメントは、前述のとおり、雇用管理上の問題であり、組織の問題ですので、もしも起こってしまったら会社全体に対する措置を講じることが重要です。

　　基本に立ち返り、「ハラスメントは許さない」という会社の強い姿勢を全社に示すとともに、ハラスメントのない職場環境にするために具体的な取組みを行います。

■会社の再発防止取組み例

□ハラスメント防止のための会社の基本方針の周知徹底（全従業員向け回覧・配布など）
□ハラスメントに関する調査の実施
□管理職への取組み（周知徹底・ハラスメント防止研修・マネジメント研修の実施など）
□ハラスメント防止研修の徹底（全従業員対象とする）
□事実関係調査で把握した組織の問題に対する取組み
（例）
●コミュニケーションに問題があれば、コミュニケーション研修実施
●長時間労働が背景にあれば業務効率化の取組み等是正策を検討し、実施
●業務量の偏りがあれば職場全体の業務分担の見直し
●妊娠・出産・育児休業・介護休業等に関する制度が周知できていないのであれば、管理職をはじめ全従業員に周知徹底など

4. 相談担当者が身に付けたいスキル

　ここでは、相談担当者として身に付けたい「コミュニケーション」、「カウンセリング」、「コンサルティング」の基本的スキル等について解説します。

　ハラスメント事案の解決にあたっては、コミュニケーション要素をベースに、「感情と気持ちの整理をサポートするカウンセリング」と「問題を整理して解決に向けた具体的アドバイスを行うコンサルティング」を状況に合わせてタイミングとバランスを上手にとりながら対応していきます。

　これらは必要不可欠ですので、学習、研修の機会をつくり、能力・スキルの向上に向けて自己研鑽に励みましょう。

(1)コミュニケーションの基本

　相談対応は、相談者とのコミュニケーションの場ですので、相談担当者には高いコミュニケーションスキルが求められます。

　コミュニケーションの要素は、「言語」と「非言語」にわかれています。相談担当者は、この二つの要素を駆使して語りかけ、同時に、相談者の二つの要素を確実に読み取ることが求められます。特に「非言語」の方が「言語」より伝達効果があると言われていますので、注意が必要です。

　相談担当者が対応する上で留意したい「言語」「非言語」のチェックリストとそれらを通じて伝達し合い互いに共有できることは次のとおりです。

■言語コミュニケーション

相談者の言語要素を読み取る
相談者の言葉、声の調子、速さ等の「言語」コミュニケーションにより、情報を収集します。それと同時に、相談者の考えを理解し、感情や気持ちを受容、共有します。

相談担当者の言語要素チェックポイント
□声の大きさ：心地よく聞こえる大きさ
□速さ：落ち着いて、早口にならないように
□強弱：メリハリをつけて
□高さ：低すぎず、高すぎず
□発音：語尾まで明確に

■非言語コミュニケーション

相談者の非言語要素を読み取る
相談者の身なり、表情、動作等の「非言語」コミュニケーションにより、怒り・悲しみ・戸惑い・絶望等言語で言い表せない感情や気持ち、活力等を読み取ります。

相談担当者の非言語要素チェックポイント
□表情：穏やかで友好的
□視線：自然に優しく視線を向ける
□姿勢：やや前傾姿勢、腕や足を組まない
□座る距離：近すぎず、遠すぎず
□身体の動き：不必要な動きはしない

⑵カウンセリングの基本

　相談対応の際、相談者にありのままの事実や気持ちを話してもらうために、カウンセリングの**傾聴技法**を用います。

　この**「傾聴」**とは、黙って聴くという受動的なものではなく、**相手の言いたいことや訴えたい気持ちをつかもうとする能動的な聴き方**のことをいいます。つまり、相談担当者は相談者に関心を持ち、相談者に何があったのか、どのような気持ちなのか等相談者の立場になって理解するために徹底して聴くことが肝要です。これは、相談対応において非常に重要な基本的要素です。

■傾聴の効果

相談者	相談担当者
相談担当者が傾聴することにより □自分を理解してくれていると感じ、信頼感を抱く □信頼関係が築かれると、安心感を持ち、胸のうちにたまっていた感情等を吐き出すことができる（カタルシス効果） □自分のことを客観的に捉えられるようになり、自分の気持ちや考えを正確に伝えようとする □自分の解決すべき問題を自ら捉えることができる	**傾聴することにより** □信頼関係が構築できる □相談者がありのままを開示することで、本当の気持ちや事実、希望する解決方法を把握できる □問題解決に向けて具体的に援助できる

■傾聴の技法

①受容的態度

　温かいまなざしで、相談者の話の流れを妨げずに、注意深く聴いていく態度のことをいいます。たとえ理解できないような話が出たとしても、途中で相談担当者が意見を述べるのではなく、まずは受容しましょう。相談担当者の中に相談者の話に対する批判的な気持ちがあると、非言語要素により相談者に伝わることがありますので注意が必要です。「受容」する気持ちが大切です。

> （例）
> 温かいまなざし、うなずき（ゆっくり小さく、または相談者の話によっては大きく）
> 相づち（「はい」「ええ」「そうですか」「なるほど」など）
> 注）多用すると妨げになる

②共感的態度

　相談者の立場に立って、その気持ちを深く理解しながらも、巻き込まれない客観性や理性を失わない態度のことをいいます。これは、**「同意」**、**「同調」**、**「同情」**とは違いますので、相談者と同じような怒り等の感情や混乱に巻き込まれないように注意することが必要です。

　相談担当者が共感を持って応答することにより、相談者は自分の気持ちをわかってもらえるという安心感が得られ、さらに心のうちを話そうと思うようになります。

> (例)
> 「それは辛かったでしょうね」「大変な思いをされましたね」「よくここまで頑張ってこられましたね」など

③事柄の繰り返し

　相談者が話した事実や出来事、状況などの事柄の中のキーワードを繰り返し、相談者に伝え返すことをいいます。相談担当者がキーワードを短く繰り返すことで、相談者の話を遮ることなく、相談者は自分の話した内容を相談担当者が理解していることを確認でき、安心して話を進めていくことができます。

> (例)
> 相　談　者：「その全体会議には、20人もいたのですよ」
> 相談担当者：「20人も」

④感情の繰り返し

　相談者の感情表現を捉えて、その言葉を繰り返し、相談者に伝え返すことをいいます。また、感情表現は言葉だけではありませんので、非言語要素から感情を掴み、フィードバックすることもあります。

　こうした感情表現を繰り返し、伝え返すことで、相談担当者の共感的態度が伝わると同時に、相談者は自分の言葉や気持ちを客観的に捉えることができるようにもなります。

> (例)
> 相　談　者：「また怒られるのではないかとビクビクして…」
> 相談担当者：「ビクビクして」

⑤明確化

　相談者が気持ちを伝えたいけれども言葉が見つからない場合や、本人が気づいていない気持ちや感情を読み取れる場合に、相談担当者が言語化することをいいます。

　この明確化は相談担当者が推測して相談者の気持ちや感情を表現するので、相談者は自分の内面を意識できたり、もやもやしていたものがはっきりします。そして、相談担当者への信頼感が高まります。

　また、もしも内容がずれていれば、相談者は「いいえ。そうではなくて、○○です」と自分で明確にできる場合もあります。

　ただし、相談担当者が何回もずれた内容を言ってしまったり、大きく的外れの内容を言ってしまった場合には、不信感につながりますので、十分な留意が必要となります。

> （例）
> 相　談　者：「自分に隙があるのではないか。軽く上手に対処できない自分が悪いのか…」
> 相談担当者：「ご自分のことを責めていらっしゃるのですね」

⑥要約

　相談者の話の要旨をまとめて復唱し、相談者に伝え返すことをいいます。

　相談者の話は、長くなったり、何度も同じことを言ったり、方向性が変わったりすることがあります。話がわかりにくい時や一段落ついた時等、適切なところで、区切って要点をまとめて伝えましょう。

　相談担当者が要約することによって、相談者は、正しく理解されている安心感を得ることができますし、考えや感情の整理にもつながります。

> （例）
> 相　談　者：（延々と話し続けて止まらない・脱線している・拡散している・長い沈黙など）
> 相談担当者：「このあたりで今までのお話しを整理させてください。～のように理解しましたが、間違いないでしょうか」

⑦沈黙の処理と促し

　相談者は沈黙しながら考えたり、まとめたり、気持ちを整理しています。こうした沈黙には大切な意味がありますので、相談担当者は受容する気持ちでゆっくり待ちましょう。

　沈黙が長く続く場合には、促す語句（そう、それで、それから）を使ったり、沈黙の意味を読み取って柔軟に対応します。前項のとおりこれまでの話を要約して伝えることも方法の一つです。

```
（例）
相　談　者：「それでその後…（沈黙）」
相談担当者：「（しばらく待っても言葉が出ない）それで？」
相　談　者：「えーと…（沈黙）」
相談担当者：「（緊張して言葉が出ない様子なのでその気持ちを伝え返す）緊
　　　　　　　張していらっしゃいますか？話しやすいところから、ゆっくり
　　　　　　　でいいですよ」
```

⑧質問

　相談者に適切な質問を投げかけ、話を具体的に引き出したり、掘り下げたりして、必要な情報を得ていきます。

　質問の仕方には、「閉ざされた質問」と「開かれた質問」があります。前者は、「はい」「いいえ」で答えられる質問で、後者はそれだけでは答えられず、何らかの説明が必要な質問です。

　相談者にその時の状況や考え、感情等、より多くのことを語ってもらうためには、「開かれた質問」で問いかけます。

```
（開かれた質問の例）
「そう言われた時、どのような気持ちになりましたか？」
「できれば、その後の状況をもう少し詳しく教えていただきたいのですが」
「具体的には？」
```

■傾聴を妨げるもの

　傾聴を妨げるものは、以下のとおりです。十分に注意しましょう。

①好悪の感情や先入観

　相談者の発言内容を相談担当者の好悪の感情や先入観で判断すると、正確に把握できないばかりか、相談者との信頼を築くことはできません。行為者の味方をした発言として受け取られると、相談者への**「セカンドハラスメント」**になりかねません。十分に気をつけましょう。

> （よくない例）
> 相　談　者：「実は、上司の〇〇課長から、会議中に大声で怒鳴られてしまって…」
> 相談担当者：「大声で怒鳴られたのですか？〇〇課長が…本当ですか？そんな人には見えませんね。何か事情があったかもしれませんね」
> ➡自分の先入観による発言となり、怒鳴られた相談者の心情を理解していません。むしろ〇〇課長をかばっています。怒鳴られた相談者の気持ちを想像しましょう。

②感情移入

　相談者の発言に刺激されて、相談担当者が同情したり、怒ったりすると、客観性を失います。客観的であることも相談担当者として求められる要素です。相談担当者は感情のコントロールができることが大切です。

> （よくない例）
> 相　談　者：「私が育児のために短時間勤務にしたいと言った時から、上司や同僚の態度が冷たくなって…。今では誰も口をきいてくれなくて、職場にいても辛いばかりで…」
> 相談担当者：「それは酷い！何でみんな揃ってそんなことをするんだ！本当に許せない！」
> ➡相談者に同情して怒りの感情を露わにしています。ここでは、相談者の辛さを受け止めましょう。

③偏った関心

　相談担当者が関心を持つ部分のみ聴くことは、相談者が話していることを本当に理解してもらっているのか不安になります。また、偏りがあると全体を理解することが難しくなります。

（よくない例）

相　談　者：「うちの営業所は売上目標が高すぎるんですよ。だから、いつも上司に厳しく数字を上げろ！と言われて…。毎日ですよ。もう限界です…」

相談担当者：「営業所の売上目標はどのくらいですか？」

➡相談担当者は営業所の売上目標値に関心を示しています。ここでは、相談者が「限界」と言っているところに関心を持ち、聴いていくことが重要です。

---

④自己防衛

　相談者が相談担当者に対して批判的、攻撃的だったりすると、怒りや苛立ちを感じて言い訳、言い逃れ、反論をして、相談者の気持ちを無視することになります。

　そうなると、「これ以上話ができない」ということにもなりますので、注意が必要です。

（よくない例）

相　談　者：「（相談担当者に対して）本当に私の気持ちがわかりますか？わかってないですよね！」

相談担当者：「そう言われても困りましたね。今日はお話しできる状態ではないですね」

➡早々に打ち切るのではなく、理解したいという姿勢を示します。そして相談者はなぜこのような気持ちに至ったのか考えましょう。

⑶**相談対応例**

　セクシュアルハラスメントの相談対応例です。傾聴の技法とその効果を確認しましょう。

　このロールプレイを通じて訓練を重ねることから始め、台詞のないロールプレイへとステップを進めましょう。

ロールプレイ

■相談者：Ａさん（女性）　相談担当者：Ｂさん（女性）
　行為者：上司Ｃさん（係長・男性）

相談者1	失礼します。	
相談担当者1	（立ち上がって温かく迎える）Ａさんですね、お待ちしていました。さあ、どうぞおかけ下さい。 （相手が座るのを待って）私は相談窓口のＢです。今日は会社としてＡさんの問題に取り組むためにお話を伺いますが、**ここでお話になったことは決して外部に漏れることはありません。ただ、お話の内容によって開示する必要が生じた場合には、必ずＡさんの同意を得ます。また、相談したことで不利益なことはありませんので、安心してお話しください。**	解説 相談室の環境を整え、温かく迎えます。 秘密の保持と不利益な取扱いがないことを保証します。
相談者2	あの……、実は……上司のことなんですが……	
相談担当者2	**（一呼吸おいて、相手のペースに合わせながら）上司のＣさんのことですね。**	解説 一呼吸おいてゆっくり話しましょう。

相談者3	はい……先日、大きな契約が取れたお祝いだからと食事に誘われました。ハードルは高かったけれどC係長に励まされながら頑張りました。その頑張ったのがわかってもらえたと喜んで出かけたんですけれど……。	
相談担当者3	**仕事のねぎらいだと思って喜んで出かけたのですね。**	解説 「感情の繰り返し」です。
相談者4	はい、そうなんです。 食事中も今度の契約を振り返って、「本当によく頑張ったね。」と言ってもらったり、次の目標にもアドバイスもいただき、本当に嬉しかったんです。	
相談担当者4	**ええ。(うなずいて相槌を打つ)**	解説 「受容的態度」です。
相談者5	帰るときに、C係長に、「帰る方向が同じだから一緒にタクシーで帰ろう、送っていくよ。」と言われ、タクシーに乗ったのです。	
相談担当者5	一緒にタクシーに乗ったのですね。	
相談者6	はい。……。(しばらく沈黙)	解説 「沈黙の処理と促し」です。
相談担当者6	**それで。**	
相談者7	帰りのタクシーの中で、突然抱きつかれて……。本当にびっくりして、どうしたらよいのかわからなくなって……。	
相談担当者7	**思いがけないことで、ひどく動揺した。**	解説 感情の「明確化」です。
相談者8	そうなんです。頭の中が真っ白になって……よく覚えていないんですけど……	

相談担当者8	覚えていなくて難しいかもしれませんが、抵抗とか抗議とか、どうでしたか？	
相談者9	それはもう、やめてくださいって何度も言いました。でも、ぜんぜん聞こえないみたいで……。	
相談担当者9	**あなたの抗議を無視し続けたのですね。**	解説 「閉ざされた質問」で事実の確認をしています。
相談者10	（うなずいて沈黙する）……。	
相談担当者10	**お話になりにくいかもしれないけれど、大事なことなので、できればそのあとの状況をもう少し聞かせてくださいますか。** （中略）	解説 「沈黙の処理と促し」と「開かれた質問」で状況を把握、気持ちや感情を聴いていきます。
相談者11	認めてもらいたくてずっと頑張ってきたのに、こんなことになって……。	
相談担当者11	**あなたはずっと頑張ってきたのですね。それだけに悔しいと。**	解説 「共感」と感情の「明確化」です。
相談者12	（何度もうなずく）　C係長は仕事ができて、部下の信頼も厚いし、私がこんなことを言っても、きっと信じてもらえないと思って。だから誰にも言えずに一人で悩みました。	
相談担当者12	**辛い思いをなさいましたね。**でも、勇気を出して相談に来てくださったのですから、会社としても真剣に受け止めて対処します。 （中略）	解説 「共感」です。

相談者13	あの後、C係長は急によそよそしくなって、私もどうしてよいのか胸が苦しくなる時もありますが、今の仕事にはやりがいを感じているんです。	
相談担当者13	**辛い思いをされているけれども、仕事にはやりがいを感じていて、続けたいと思っていらっしゃるのですね。**	解説 「明確化」です。
相談者14	はい。そうなんです。	
相談担当者14	わかりました。 では、今の仕事をこれまでのようにやりがいを持って続けるために**一緒に考えていきましょう。** Aさんご自身はどのような解決を望んでいらっしゃるのか、何かお考えはありますか。	解説 問題解決のために一緒に考える姿勢を示すとともに、「開かれた質問」で解決策を確認しています。
相談者15	確かにこんなことになって悔しいですし、C係長のことを許せない気持ちもありますが、このことがなければ、仕事の上では本当にいい上司だったんです。 今までのようにできるかどうかわからないけれど……不安はありますが、今後二度とこのようなことをしないと約束して、仕事上これまでと同じように接してくれれば、続けたいと思うのですが……。	
相談担当者15	では、**Aさんは、C係長が二度とこのようなことはしないと約束して、仕事上これまでと同じように接してくれれば、少し不安は払拭できるのですね。そうなれば、今の仕事を頑張っていきたいと。**	解説 希望する解決策を繰り返して再確認します。

相談者16	はい。そうなればと思っています。でも、C係長がこのことをどう捉えているかにもよります。	
相談担当者16	わかりました。C係長が今回のことをどう捉えているのかわからないままでは不安なのですね。 それでは、**Aさんのお名前と今日の相談内容をお話しして、確認することになりますが、よろしいですか？もしも、C係長に話してほしくない内容がありましたら、おっしゃってください。秘密は守ります。**	解説 開示先と開示内容の確認をします。
相談者17	私の名前と今日お話ししたことを伝えていただいて構いません。特に秘密にすることはありません。	
相談担当者17	**C係長にお名前と相談内容を開示して確認することでよろしいですね。** また、今回の相談の件は、相談窓口責任者にも報告することになっています。今後、Aさんの希望する解決に向けて、他に相談内容等を開示する必要が生じた際には、必ずAさんの同意を得てからにいたしますので、ご安心くださいね。	解説 開示同意の再確認をします。
相談者18	はい。わかりました。	

相談担当者18	では、C係長には、1週間以内に面接できるように調整したいと考えています。その面接内容を踏まえた上でのAさんの希望する解決策やご意向を改めて確認しますね。もしも長引く場合には、必ずAさんにお知らせしますし、Aさんに何か心配なことやお気持ちの変化などがありましたら、いつでも相談窓口に連絡してください。	解説 要する時間の見通しを伝えます。
相談者19	はい。わかりました。ありがとうございます。	
相談担当者19	こちらこそ、今日は勇気を持って相談に来ていただき、ありがとうございました。信頼して話してくださったことに心から感謝します。	解説 謝意を表して終了します。

⑷コンサルティングの基本

　相談者からハラスメントの状況や希望する解決策を十分に聴いた上で、問題解決に向けて援助します。その過程で、専門性や社内ルール等の知識を活かして具体的な指示や助言を行います。

> **相談者に対するコンサルティング例**
> ●心身の状況に応じて産業医、専門医等専門機関の紹介
> ●行為が継続している場合の当座の回避策に関する指示、助言
> ●相談者が解決策を持っていない場合の選択肢の提示
> ●行為者との関係改善策に関する助言・援助
> ●妊娠、出産、育児、介護等に関する社内制度、委託先等の紹介
> ●相談者に対するサポート体制の提示

　相談担当者の役割の範囲にもよりますが、行為者、場合によっては第三者からの事情も聴取し、全体像を確認していきます。その調査の結果を踏まえて、さら

にコンサルティングをすることが考えられます。この過程では、相談者だけではなく、行為者についても具体的な指示や助言を行います。

行為者に対するコンサルティング例
- ●問題となる言動に対する改善策、改善方法の指示、提案
- ●相談者との関係改善策に関する助言・援助
- ●心身の状況に応じて専門医等専門機関の紹介

　また、コンサルティングには、こうした個人への対応だけではなく、企業組織に対するものもあります。ハラスメントが起きた場合には、なぜ起きたのか、その原因や背景を考え、再発防止に向けた取組みについて助言を行うことが含まれます。

企業に対するコンサルティング例
- ●ハラスメント防止体制、仕組みの見直し
- ●ハラスメントに関する調査の実施
- ●管理職・一般従業員へのハラスメント防止研修の実施
- ●管理職向けマネジメント研修の実施
- ●事実関係調査で把握した組織の問題に対する取組み

　このように、相談担当者は個人と組織に対してコンサルティングをする役割を担っています。

■働きやすい職場環境づくりのために

　ハラスメントのない職場環境は、誰もが働きやすい職場環境につながります。

　そうした意味においても、ハラスメントの相談担当者は重要な役割を果たしていると言えます。

　その役割を十分に果たすためには、ハラスメントに関する知識をはじめ、それに関わる専門知識が必要とされます。それらがベースになるのですが、何よりも大切なことは、相談者や行為者と関わる時の「受容し、共感して一緒に考える姿勢・態度」です。

　これこそ、知識として持っているだけでは思うようにできません。その能力を高めるために、傾聴の訓練が必要不可欠です。

　働きやすい職場環境づくりのために、相談担当者として必要な知識・能力を備えるための準備を整えてください。

メモ

Ⅲ 相談窓口における具体的ケース

〈この章の使い方〉

　相談窓口に寄せられる相談は、ハラスメントの態様が複雑であったり、社内外の人間関係が絡んでいたりとその内容は様々です。

　本書ではパターンの違う下記5つのケースについて、相談対応の一部分を抜き出して例示しました。実際の相談場面では、相談対応の流れや、欄外にある相談担当者が気をつけるポイントを参考に対応してください。

ケース1　セクシュアルハラスメント（男性役員の行為）に関する相談
ケース2　従業員及びその家族からのパワーハラスメントの訴え
ケース3　パワーハラスメント（正社員から派遣スタッフ）に関する相談
ケース4　職場環境に関する相談
ケース5　複合的なハラスメントに関する相談

ケースの読み方

①ケースの欄外スペースにはそれぞれ各状況についてのポイントを示しています。ケースと併せて読むことによって相談対応への理解が深まります。
②登場人物の職務上の地位や人間関係に注意して読んでください。
③各ケースにREVIEWがついています。ケース全体に関わる留意点を述べていますので必ず確認してください。
④各ケースの末尾にケースの続編を想定した【課題】を提示してあります。ご自身、または職場で共有して、どう対応すべきか考えてみてください。答えはひとつではありませんが、課題に対する対応のポイントをまとめてP94に示しますので、参考にしてください。

ケース１　セクシュアルハラスメント（男性役員の行為）に関する相談

（登場人物）

【広報部担当役員】
Ｉさん（取締役副社長・男性・61歳）

【相談窓口担当役員】
代表取締役社長・男性・54歳

【広報部】
Ｋさん（主任・女性・29歳）

【相談窓口】
管理部長・男性・49歳
相談担当者・女性・33歳

（相談に至る経緯）
ハラスメント防止に積極的に取り組むこの会社では、社長直轄組織としてハラスメント相談窓口が設けられ、相談窓口の方針（不利益取扱いをしない、プライバシーの保護等）がイントラネットのトップページに掲載されていた。

ある日、広報部のＫさん（女性）から、相談窓口に「セクハラのことで内密に相談したい」とメール連絡が入った。**女性の相談担当者が、目立たない場所の会議室を予約、相談窓口責任者である管理部長に相談予定と内密希望であること等の経緯を報告し、緊急時は連携をとれるように準備をした。**

（相談窓口対応）
相談室に入ってきたＫさん「相談をしたいと思ったのですが、逆恨みされそうな気がして…。」と話すと、涙ぐんで沈黙してしまう。

【相談者への配慮】
相談場所は目立たない場所にする。会議室予約システム等がある場合は、必ず内容を非公開もしくは定例会議等の代替名にしておくこと。セクハラの場合は、相談担当者の性別についても配慮すること。

【相談対応者の緊急連絡先】
一人で相談対応をする場合は、出来る限り、連携先を確保しておく。アクシデント（自死をほのめかされる、暴力を受ける等）の際、一人では対処しきれない場合があるため。

【緊張する相談者への声かけ】
すぐに話し出せない人、泣いて話せない人などにも、配慮をする。全く話せない場合は、職場環境、相談者の体調とも危険な状況にないかを確認し、話したいことをメモしてくる等の準備を促して、早目の再セットをすることも一案。

【プライバシー保護の確認】
どの立場の人でも、時間をとって話してくれたことに感謝し、プライバシー保護の確認を必ず行う。

【事実確認】
話し始めは感情の訴えが中心になりがちであるが、焦らずにゆっくり耳を傾ける。相談者の状況を確認しながら、無理のない範囲で、具体的な事実（日時、場所、内容、目撃者等）に結びつくような質問をする。

【相談者の意向】
相談内容に対する本人の意向を必ず確認する。聴いてもらっただけで良いと、その後の対処を固辞する場合は、ハラスメントは個人の問題ではなく企業全体の問題として、問題解消へ促す。話を続けることが難しい場合は、安全確保のみ確認し、再相談の機会を設定する。

相談担当者「**お話はゆっくり落ち着いてからで良いですよ。**Kさん、相談窓口の方針をご存知でしょうか。（不利益取扱禁止等、イントラネットの掲載部分を見せる。）だから、お辛いかも知れませんが、困っていることをお話しいただけませんか。」

Kさんは、涙を浮かべながらも、少しずつ話し始めた。

広報部の担当役員であるI副社長の執務室に、頻繁に単独で呼ばれ、隣にぴったりくっついて座られること。昨日は、I副社長がKさんの肩を抱きながら「来月の出張は君と二人で行くから。」と言ったこと。驚いて身を固くしている間に、秘書を執務室に呼び「来月の出張、Kさんと二人で行くから手配して。ホテルの部屋は必ず隣にするように。」と指示、その場では二人で行くのは不安であることを言い出せず、怖くなってすぐに退室したことを、持参したノートを見ながら、伝えてくれた。

相談担当者「**大変なことを話していただき、ありがとうございました。（ゆっくり頭を下げる。）怖い思いを抱えていらっしゃったんですね。相談に来てくださって、良かったです。秘密を守りますし、安全も配慮しますから、どうぞ安心してくださいね。**」

その後、Kさんの了承を得てから、**行為の開始時期、内容、頻度、I副社長に嫌だと意思表示をしたことがあるか、このことを知っている人は誰か、広報の仕事はどう思っているか、体調は問題ないか等を確認し**、今の段階でどのような対処を望んでいるか尋ねた。

Kさん「こんなことを申し出たら、I副社長や周囲の人に

嫌がらせされるかと思って。**聴いてもらえただけで、十分というか。でも、二人で出張には絶対に行きたくないです。どうしたらよいでしょう。**」

相談担当者「そうですね…（少し考えてから）二人の出張は拒否したいことをお伝えいただいたので、管理部長にのみ共有し、対処方法を相談してもよろしいでしょうか。その結果をＫさんに、明日の朝お伝えします。**話し忘れてしまったこと、ご自身の希望が変わったり、頼みたいことが追加されたりしたら、今後も遠慮なくおっしゃってください。初回の相談で緊張されて、伝えきれないことがあったかもしれないので。もし、その間、危険なことなどがあったら、すぐに連絡をしてください。**（相談窓口の直通電話と管理部長の緊急用携帯番号を教える）**今日はできるだけ残業をせず帰宅してください。**」

Ｋさん「わかりました。ありがとうございました。少し安心しました。」

（役員への事実確認）
その後、Ｋさんから第三者と行為者にヒアリングを行うことについての了解を得て、秘書と同じ部のメンバーに事実確認をしたところ、Ｋさんの相談内容と同様の証言が得られた。担当役員である社長へ報告、**社長の判断で、社長と管理部長でＩ副社長の話を聴くことになった。**

まず、**管理部長から概要を説明、その後、Ｋさんに対するいくつかの言動について、それぞれ記憶や意識の有無を確認**し、なぜそのような言動が行われたのかなどＩ副社長からもていねいに話を聴いた。

【相談者の変化】
正直に話そうと決心した、さらに踏み込んだ内容を話す気になった、話が整理できたことで対処の希望が変わる等、初回の相談で全て話が終わらないことも多い。いつでも話を聴きますという姿勢を示しておく。

【役員への対応】
それぞれの組織の状況により、あらかじめ対応のルールを決めておき、社長が行為者である場合は、顧問弁護士等に相談することが望ましい。

【行為者への配慮】
行為を決めつけたり、犯人扱いをしたりするのではなく、相談者や協力者が発言した内容に関して、それぞれ確認をする。話してくれたことに感謝し、秘密を守る点は、相談者や協力者と同じ対応。

【被害者の心理】
上位者に対してハッキリと拒否の意思表示をすることは難しいこともあり、NOと言わなくても嫌だと思っていることもあることに留意する。

Ⅰ副社長は「Kさんに対して親愛の情を示しただけだ。Kさんからも嫌だと言われたことはない。」と繰り返し、管理部長へ向かって「君は社長の前で、罠に陥れたいのか！」と語気を荒げた。

管理部長「会社の方針に従って、相談窓口としての役割で、私がお聴きしております。」

Ⅰ副社長「君に指示をされる覚えはない。役員の行動に口を出すとは何事だ。社長にはご理解いただけるはずだ。出ていきなさい。」

管理部長は「退出した方がよろしいでしょうか。」と社長に尋ねると、社長は首を横に振り、Ⅰ副社長の方を向いて話し始めた。

【傾聴】
相談者や目撃者の主張だけで、行為を決めつけることは厳禁。物的証拠が存在していた場合も、あらゆる可能性（偽造された証拠かもしれない等）を考慮し、まずは傾聴の姿勢をとることが重要。

【報復措置等禁止の念押し】
規定に明文化しておく、相談や事実確認の場で直接伝える、違反の場合の懲戒内容も説明する等、複数回の確認が必要。特に関係者が役職上位である場合は、確認とともに、協力者の安全に常に留意する。

社長「Ⅰ副社長、本件は、Kさん以外の人から内容を裏付ける証言が得られています。**決めつけてかかるつもりは一切ないが**、認識があるなら、話す義務があります。これは個人間ではなく、企業全体の雇用管理上の問題。**ハラスメント行為の有無にかかわらず、虚偽の申告、協力した人への報復措置や、情報操作は禁止行為、他言無用。**それを踏まえ、再度、管理部長から先程の件を確認してもらいます。我々ではなく、顧問弁護士へ話したいのであれば依頼するので、申し出てください。」

Ⅰ副社長は顧問弁護士との面談を希望したため、管理部長が顧問弁護士へ内容を引き継ぎ、面談を依頼することとなった。

ケース1　REVIEW

行為者の疑いがある役員への対応を含むケース。事実確認が社内で完了せず、弁護士へ依頼するところまでのストーリーとなっています。相談者、証言者への配慮は相談窓口の必須業務です。自分だったらどのようなことに気を付けるか、考えながら読み進めてください。

ハラスメント防止に積極的な社長が登場していますが、トップの姿勢で、企業全体のハラスメント防止意識が向上するのは間違いありません。役員の聞き取りは難しい役割ですが、顧問弁護士等に相談し、適任者が対応できるようにしてください。

役員対策は準備が肝要です。従業員対象の就業規則とは別に、ハラスメント関連規定を独立させ、役員を含む全員対象とすると、相談対応及び事後処理について、規定に則ってスムーズに進めることができます。また、役員の行為は経営責任に直結することから、顧問弁護士等、外部のしかるべき専門職及び機関に、事実確認（第三者としての聞き取り）や事後処理のアドバイスを得て進められるように、あらかじめ相談窓口体制に外部連携先を組み込んでおくと良いでしょう。社内相談窓口の役割、外部機関の役割が整理できると、相談窓口担当者が全て抱え込んで処理できずに、二次被害を呼ぶ事態を防ぐことにつながります。

【課題】
本ケースの続編で、Ⅰ副社長が顧問弁護士との面談で、相談者のKさん他から話があった行為を全て認め、Kさんに謝罪したいと申し出たとします。相談担当者として、Kさんにはどのように対応しますか。
→対応のポイントはP94参照

ケース2　従業員及びその家族からのパワーハラスメントの訴え

（登場人物）

【海外営業本部】
Pさん（課長・男性・34歳）
Mさん（男性・23歳）

【相談窓口】
人事課長・女性・40歳
相談担当者
（人事課・衛生管理者免許所持、事業場内
メンタルヘルス推進者・女性・31歳）

Mさんの父
（Mさんと同居・58歳）

【家族からの訴え】
ハラスメントを含む就業に関する問題について家族からの訴えを受けた場合、対応担当者を決め、会社として事実確認をし、回答を協議の上（人が変わると話が変わることを避ける）対応する。

【診断書】
主治医の休務指示は守らせる。長期間にわたる場合は、その組織の休職規定等に従い、人事労務担当に引き継ぎ、しかるべき手続をとる。

【勤怠データ】
体調不良の訴えがある、または疑いがある場合には、勤怠データを確認し、欠勤遅刻早退が多い場合、もしくは時間外勤務が多い場合には注意する。

（新入社員の家族から）
人事部長あて、**息子がパワハラを受けて体調を崩した、会社からの説明を求めるとの内容の書状が、新入社員Mさんの父から届いた**。適応障害、2週間の休養を要すると書かれた**診断書が同封**されていた。まずはMさんの話を聞き、その後、人事部長が父親への対応をすることとなった。

（プロフィール）
Mさんは都内の大学（外国語学部）を卒業後、4月に入社。2週間の集合研修の後、海外営業本部にて勤務開始。現在の仕事は、海外拠点の営業月次レポート作成（英文）、上司の取引先訪問への準備、同行等。両親と同居する実家から通勤していた。

体調不良との訴えがあるため、直近の勤怠データを出力して準備した。配属後の出勤状況は、欠勤5日、遅刻10日、いずれも体調不良のため、との記録が残っていた。

人事課長と**相談担当者（女性・衛生管理者免許所持）**で、

Mさんの話を聴くことになった。

（相談窓口対応）

Mさん「**上司のＰ課長にパワハラを受けていて、会社を辞めたいんです。**」

相談担当者「パワハラとは具体的にどういうことでしょうか。」

Mさん「『何度同じこと言ったらわかるんだ』『しっかりしろ』と毎日何度も言われます。」

相談担当者「どんなときにそう言われるのですか。皆の前で言われたのですか。」

Mさん「お客様のところに同行した時や部内でミスを見つける度に。一度、会議室に呼ばれて、『しっかりしてくれないと困る』と言われたことがありました。」

相談担当者「他にされたこと、言われたことで嫌な思いをしたことはありますか。」

Mさん「Ｐ課長に無理だからって言われて、僕の仕事レポート作成の一部を先輩に担当替えされました。もう自分は何もさせてもらえないのかと思って、会社に行くのがつらくなって、辞めようと考えました。」

相談担当者「**Ｐ課長に厳しい事を言われたことで、働きづらいと思ってしまったのですね。**」

Mさん「はい。自分は全く認めてもらえないと感じたので。」

【メンタルヘルスに問題のある相談者対応】
事業場内産業保健スタッフ等（衛生管理者、保健師等）、メンタルヘルスに対する知識があり、産業医と連携できるスタッフが対応することが望ましい。その人員がいない場合は、相談者に対して傾聴の姿勢を崩さず、病名を決めつけたりすることのないよう注意し、主治医等専門家へ連携する。

【パワハラとの訴え】
肯定、否定とも決めつけることはせず、丁寧に根気よく事実を確認する。

【相談者の心情、伝えたいことを確認する】
言葉を言い換えて繰り返すなど、相談者の心情に寄り添って話を聴く。まとまらない場合には、こういうことで間違いないかと確認しながら進める。

相談担当者「仕事の内容については、何か問題がありますか。」

Mさん「英語で仕事をする希望がかなったのですが、その英語まで注意されてしまって、もう全否定されたという感じで、この会社にいても何もできないと思って。」

相談担当者「英語を使いたいという希望があったのに、英語に関する注意を受けたことで、ショックを受けてしまったということですね。体調はいかがですか。」

Mさん「朝、起きることができなくて、日中ずっと気分が悪いです。病院へ行けと親に言われたので、受診して診断書をもらいました。」

人事課長「診断書はご家族から郵送されたものを受領しました。」

相談担当者「もし、**Mさんがよろしければ、本日産業医が来社していますので、体調や勤務について相談をなさってください。**この内容の秘密は守られますし、内容によって、何か不利益な扱いを受けることはありません。いかがでしょうか。」

Mさん「はい、お願いします。どうすればいいですか。」

相談担当者「今、私が産業医にお願いしてきますので、少しお待ちいただけますか。準備ができたら、連絡しますので、先生に衛生管理者である私からMさんをご紹介します。その後、私は退席しますので、先生とお話しください。」

【産業医面談】
本人の同意を得てから、産業医面談を案内する。もし、産業医の役割について相談者が疑問を持っていたら、主治医の診断が信用できないのではなく、産業医は勤務の状況を鑑みながら健康回復に関するアドバイスを与え、休務が長期間にわたる場合は復職のステップを相談する役割であると説明する。

人事課長「Mさん、まずは健康の回復をはかることが大切です。体調が良くなったら、今後のことをあらためて相談しましょう。パワーハラスメントがあったかという確認をするには、Mさんだけではなく、P課長や他の人の話も聞いてみる必要がありますが、ご了解いただけますか。」

Mさん「わかりました。P課長がパワハラをしていないと言ったら、会社はパワハラではないと判断するのですか。」

人事課長「パワハラをしたのかという聞き方をするのではなく、Mさんに対してどのような言動があったか、P課長や周りの人に確認をするということです。相談者と、関係する皆さんから話してもらった事実を丁寧に確認してから、パワーハラスメントにあたる言動があったのか、判断することになります。」

相談担当者「Mさん、お待たせしました。一緒に産業医面談室へ行きましょう。先生との話が終わったら、私を呼んでもらえることになっているので、休務の期間や、健康回復の方法について確認しましょう。」

人事課長「ご家族から送られた診断書、私が今面談室に届けます。そのように先生に伝えていただけますか。」

【健康回復が最優先】
事実確認等で時間を使いすぎて、健康を悪化させないよう十分配慮する。

【パワハラと誰が決めるのか】
相談者は「パワハラを受けている」「会社は味方になってくれないのか」という意識にあるので、突き放しすぎず、丁寧に回答しつつ、事実確認が必須であると伝える。

【産業医のアドバイス】
相談担当者にメンタルヘルスの専門知識がない場合は、人事労務部門などに連携する。相談内容と同様、病状の詳細は最小限の人数（例：産業医と衛生管理者のみ）で把握し、プライバシーの保護に細心の注意を払う。

新入社員が心身の不調で勤務が続かず、家族からの訴えがあるケースです。

「パワハラです」と決めつける相談者及び家族は少なくありませんが、事実確認をしないとハラスメント行為があったのか、適正な指導の範囲内だったのかはわかりません。「パワハラ」という言葉を鵜呑みにして煽られたり、もしくは新入社員が甘えていると軽視して放置したりすることのないように、落ち着いて事実確認を進めます。

本ケースは人事部長が家族への対応をすることになっていますが、従業員の家族及び第三者が弁護士や公的機関への相談を経て通告している、もしくは、真偽にかかわらずマスコミやネット上に情報を拡散している場合は、顧問弁護士等に至急対応を相談してください。

健康の問題は、ハラスメント起因なのか、私傷病なのかを問わず、受診、治療を勧めます。本ケースのように、産業医の面談実施が望ましいですが、そのような機能を持たない場合も、人事労務担当者に引き継ぎ、主治医の指示について本人と確認する等、健康回復を優先し、プライバシーの保護に留意します。

【課題】

本ケースの続編として、事実確認を行いました。行為者及び周囲の人から、「自分たちの頃は厳しい指導は当たり前だった。神経質すぎる。」という主張があった場合、どのように対応しますか。
→対応のポイントはP94参照

ケース3　パワーハラスメント（正社員から派遣スタッフ）に関する相談

（登場人物）

【システム開発部】
システム開発部長（男性・45歳）
Ｌさん（リーダー・女性・30歳）
Ｂさん（派遣社員・男性・26歳）

【相談窓口】
人事課長・男性・37歳
相談担当者・女性・30歳

（相談に至る経緯）

年に一度の全社会議の場で、ハラスメント防止研修が実施された。人事部から、ハラスメントをめぐる法令や自社の規定の説明とともに、相談窓口の利用方法が広報された。その際、正社員だけでなく、**パートタイマーや派遣社員の人も、ハラスメント関連で困っていることがあれば、遠慮なく相談してほしいと呼びかけがあった。**

【全員で取り組むハラスメント防止】
従業員区分や雇用形態を問わず、その事業場にいる人全員に「ハラスメントを許さない」と呼びかけると誰もが相談しやすい環境になる。

（相談窓口対応）

システム開発部の派遣社員Ｂさん（男性、26歳）から相談窓口に「今日、社員の人が出張でいないので、相談したいことがあるのですが、予約していなくても大丈夫ですか。」と電話があった。対応した相談窓口担当者は、相談時間を約束した後、**Ｂさんの派遣先管理台帳をコピーし、勤務期間や派遣先責任者等を確認、人事課長に相談依頼があったことを報告**した。

【相談者の情報確認】
事前に準備する時間があれば、派遣先管理台帳等で、勤務履歴などを確認しておくと、相談対応の参考となる。

　Ｂさん「先日の研修で、派遣でも相談して良いって話があったので、伺いました。チームのリーダー、Ｌさんのことで困っています。」と話し始めた。システムエンジニアとして、

システム開発部のプロジェクトチームにて勤務3カ月目の派遣社員だった。

相談担当者「派遣の方も含め、うちの事業所に勤務する人は誰でも相談してくださって大丈夫です。**秘密を守りますし、相談することで不利益な扱いを受けることもありません。安心してお話しください。**」

Bさん「ありがとうございます。こちらの勤務を始めて以来、Lさんが配った指示書や資料に、度々間違いを見つけて、僕がそれを伝えに行っていました。Lさんにはすごく嫌な顔をされましたけど、間違ったまま進むよりは良いと思ったので。何度目かのときに、偶然システム開発部長(以下 部長)がその場にいて『Bさん、指摘ありがとう。Lさん、基本的なことですよ。しっかり見落としのないように注意して。』とおっしゃったんです。その後、部長からメールがあり、Lさんの仕事の質に問題があるのであれば聞きたいと言われ、会議室に呼ばれて、過去に自分が見つけた間違いについて話しました。」

相談担当者「部長に、Lさんの間違いを何件か報告したということですね。」

Bさん「はい。その後、Lさんに挨拶すると『あんたなんか消えてよ』と通りすがりに言われ、間違いを指摘したことや、部長に話したことが影響しているのかと思いました。数日後、**派遣会社(派遣元)の担当者から『Bさんの勤務態度が悪く、会議も無断欠席するので、派遣するスタッフを変えてほしい』とLさんから連絡があったけど、どうしたのかと言われて、驚いたんです。そう言われてみれば、今まで頻繁に会議の招集があったのに、呼ばれなくなって**

【正社員(職員)以外への配慮】
ハラスメントは雇用管理区分や雇用形態の違いから発生することも多い。特に派遣社員は、勤務する企業(派遣先)の指揮命令下にあるものの、直接雇用ではないため、立場が弱いと感じていることが多いので、不利益等ないことを丁寧に説明する。

【派遣会社(派遣元)への波及】
Bさんの相談内容が事実であれば、直接の暴言以外にも、派遣会社(派遣元)を巻き込んでしまっている。個人の派遣関係だけでなく、会社間の契約の問題にまで発展する可能性に注意する。

いたことに気づいて。」

派遣会社の担当者が、事情を聴きたいとＬさんに申し入れてくれたが、「Ｂさんの契約更新をせずに、人を変えてくれるだけで良いから」と断られてしまったことを聞き、Ｂさんも、Ｌさんに契約終了される理由を聞きたいと申し出た。

Ｌさんは話を聞くことをせず、「もうこれ以上私の邪魔をしないで。派遣の立場わかってる？これ以上、何かしたら、あなたの（所属派遣）会社ごと切るから。」とＢさんに大声で怒鳴りつけた。

Ｂさんは、自分がそこまで言われる理由もわからなかったし、派遣社員の仲間にまで影響が及ぶと思うと非常に怖くなり、どこに相談したらよいのだろうと思っていたところに、相談窓口利用の呼びかけがあり、今日ここに来た。**今後もぜひ勤務を続けたいという希望があるが、どうしたらよいのか困っている**とのことだった。

相談担当者は相談窓口に来てくれたことに礼を言い、事実確認をする必要があるのでＬさんに事情を聴くことについて了解をもらい、何か困ったことがあったらすぐに相談窓口へ連絡してほしいと伝えた。

（派遣会社への対応）
報告を受けた人事課長と相談担当者が、派遣先責任者であるシステム開発部長に経緯を説明し、Ｌさんについて何か心当たりがあるのか、また、Ｂさんに対するハラスメントの疑いについて、**事実確認を進めるので、派遣元責任者に協力を依頼したい**と話した。

【相談者（派遣社員）の意向】
必ず確認すること。もし、聞くことができなかった場合は、派遣元責任者を通じて、確認してもらう。

【派遣元責任者への依頼】
原則として、派遣先責任者から派遣元責任者へ依頼をする。

部長は、自分に関するBさんの発言に間違いのないこと、また、Lさんに度重なるミスの注意をし、彼女がエントリーしていた海外派遣要員の公募に、現状では推薦できない、まずは目の前の業務に真摯に取り組みなさいと告げたことを話した。

相談担当者「そうですか。**派遣社員のBさんに対して問題の言動があったかどうかは、今後の事実確認によりますが、**Lさんが部長から注意をされたこと、海外派遣のチャンスが消えたことは、重要な出来事と言えますね。」

システム開発部長「派遣社員や派遣会社への対応が事実であれば、まずお詫びをしなければならない。人事部長にも私から相談しておきますので、事実確認を引き続きよろしくお願いします。」

人事課長と相談担当者は、事実確認の協力依頼にとりかかった。

【あわてて飛びつかない】
いかにも関連しそうなエピソードが出てきても、決めつけて先走りしないように注意する。

ケース3　REVIEW

全体への呼びかけから、派遣社員の相談につながったケースです。

派遣労働者は派遣元に雇用されていますが、実際勤務する事業所である派遣先にも、男女雇用機会均等法や育児・介護休業法及び労働施策総合推進法の一部が適用され、ハラスメント対策や、育児休業等の不利益取扱禁止等、派遣労働者に対しても使用者としての責任を負うことになっています。適切な対応のためには、派遣元との連携体制が必要です。日頃より、派遣元と連絡を密にとり、ハラスメント予防、早期発見につなげるようにしましょう。

本ケースはパワーハラスメントですが、ハラスメントの種別にかかわらず、その事業所に働く人全てにハラスメント被害が及ばないように配慮し、研修の参加を呼び掛ける、また、相談窓口の利用をわかりやすく広報することは、非常に良い取組みです。

派遣労働者をめぐるケースによっては、派遣契約そのものに関わる問題や損害賠償等にも発展する場合があるので、必要に応じて顧問弁護士等に対応を相談しながら進めてください。

【課題】

本ケースの続編で、チームリーダーLさんに事実確認を行ったところ、「認めれば良いんですよね。はい、はい、やりました。はい、私が悪いんですよ。」とろくに話も聞かず、ふてくされた態度に終始しました。どのように対応しますか。
→対応のポイントはP94参照

（登場人物）

【財務部】
Ｇさん（部長・女性・58歳）
Ｕさん（課長・男性・42歳）
Ｔさん（係長・男性・33歳）
Ｓさん（係長・女性・28歳）

【相談窓口】
相談担当者
（人事課長・女性・43歳）

（相談に至る経緯）

Ｔさん（財務部係長、男性）に、保育園からお子さんの発熱で迎えに来てほしいと電話が入り、急遽、看護休暇を半日とることになった。

Ｕ課長「今の仕事、Ｓさん（同じ課の係長、女性）に引き継いで。明日どうなるかは帰ってから連絡もらえますか。気を付けて。お子さんお大事に、早く良くなるといいね。」

Ｓさん「うわー、残業決定。今日は美容院に予約入れていたのに。はいはい、独身は髪も切らずに働けってことですね。**お子さんがいる人は何でも許されて、とばっちりだわ。**」

Ｇ部長「Ｓさん、いいわよ。あなた美容院行きなさいよ。Ｔさん、ご家族にお願いできないの？」

Ｔさん「妻は今週出張で不在です。申し訳ありません。Ｓさん、いつも本当にすみません。」

Ｇ部長「**私は産休明けすぐに復帰、両親を呼び寄せて、一**

【育休等のハラスメント対象となる言動】
「お子さんがいる人は」に続く発言と、Ｇ部長自身の過去の話が、制度（看護休暇）利用の請求等をしないように強いているかは、判断が難しいところであるが、制度利用の阻害につながっていると、捉えることはできるだろう。

度も子どもの迎えで迷惑かけたことなんてなかったわ。子どもがいることで、仕事に影響が出るなんて、考えが甘いんじゃないのかしらね。それとも今流行の何とかってやつで、仕事より家庭生活が大切っていう。」

Ｓさん「イクメンですね。犠牲になる私たちのことはどうでもいいって言葉ですよね。」

Ｕ課長（話を遮るように）「Ｔさん、すぐ引き継いで向かってください。Ｓさん、仕事の内容を私に教えてください。一緒に調整しましょう。」

Ｓさん「**え、私が悪いみたいになってます？今年に入って、これで４回目ですよ。必死にやっても終わらなくて、部長や課長に残業が多いって詰められて、私、我慢の限界ですから。**」

Ｕ課長は、その日の帰宅中、電車で読んだスマートフォンのニュース記事で、妊娠・出産や育児に関するハラスメントが厚労省の指針の対象に明記されているという内容を見つけた。Ｔさんをめぐる状況はまさにこれに当たるのではと心配になり、翌日、ハラスメント相談窓口へメールで相談依頼をした。

（相談窓口対応）
Ｕ課長「**うちの部のＴさんが時々お子さんの病気で休んだり、早退したりするのですが、それに関して皆の理解が得られず困っています。**お子さんが病気になって休むのは仕方ないと思うのですが、部長は迷惑だからＴさんを財務部から異動させると発言していますし、他の人がＴさんの育児のために犠牲になっていると訴えられると、どうしたら

【二次的なハラスメントの可能性】
育児等での休務により自分の仕事が大変になるから、制度を利用するなというハラスメント行為は認められないが、それにより、長時間労働を強いられているのであれば、これも二次的なハラスメントの可能性があり、決して見過ごしてはならない。

【周囲の人からの相談】
Ｕ課長は、自身が直接被害を受けているわけではないが、Ｔさんの心配、及び部全体の問題について、相談担当者に話し、ハラスメントの解決方法を相談している。

良いかと思って。Tさんがそれを聞いて辛いだろうと心配です。」

相談担当者は、職業生活と育児や介護との両立を図ることができるようにすること、また、お子さんの養育やご家族の介護を行う人に対してのハラスメントがあってはならないことを確認した。そして、**今の状況はTさんに対するハラスメントの可能性があり、Tさんが困っているようであれば、こちらに相談に来てほしいことも伝えた。**

【本人からの相談の呼びかけ】
U課長の話をベースに、Tさんの問題を解消すべく、相談を呼びかける。

U課長「ありがとうございます。Tさんには相談窓口のことを伝えてみます。Tさんの状況を聞いて、フォローの体制を見直します。自分にとっても、近い将来、介護が無縁には思えないです。Tさんだけでなく、皆に起こりうることであると呼びかけてみます。」

相談担当者「そうですね。体制を見直していただき、皆さんの理解が深まるといいですね。また心配なことがあったら、いつでもご連絡ください。」

(本人への説明・確認)
お子さんの熱が下がり出社したTさんに、U課長が相談窓口での話を伝えたが、**Tさんは自分が悪いので何を言われても仕方ない、相談する立場ではないと、とても疲れた様子で恐縮していた。自分の体調も悪いが、看護休暇をとってクレームを受けているので、もう休めないと思っていることも話した。**

【状況の悪化】
Tさんは相談を遠慮するだけでなく、自分の体調が悪いことを我慢している状況で、育児と職業生活の両立に大きな問題を抱えている。早急に解決が必要であることがわかる。

U課長は、体調が悪いときは無理しないようにと声をかけ、困っていることがあれば、自分も話を聞くし、周囲の言動で辛いと思っているのであれば、ハラスメント相談窓口に

話してほしいと伝えた。

U課長「**部内で業務の体制、誰かが不在のときの協力体制を作り直したいと考えています。**それはTさんのためだけではなく、これから育児をする人、介護をする人のためでもあるから。」

Tさん「ありがとうございます。困っていることは何か、問題はどこにあるのか、整理してから、U課長にお伝えするようにします。ご心配おかけしてすみません。」

U課長は、今後の話し合いに備え、**相談窓口に依頼し、イントラネットの人事課のページに、育児・介護をはじめ、LGBTなどのテーマも含めたハラスメント防止の資料を掲載し、メールで掲載を広報してもらう**ことにした。

【事実確認の前に問題解決を優先】
相談窓口で行為者の事実確認をすることはハラスメント対応の基本であるが、本ケースはその場に多くの従業員が立ち会っていた。Tさんへのハラスメント言動をなくすために、体制づくりと、どのような行為が育児休業等のハラスメントに該当するのか伝えることを優先させた。

【相談窓口への協力依頼】
上記の体制づくり、ハラスメント行為防止への必要な教育、啓蒙について、相談窓口へ協力を依頼した。

上司が困っている部下や部の状況（育児をする父に対する問題）を相談するケースです。

相談窓口に、被害者、困っている人が直接来ないケースであっても、ハラスメント問題の解決、防止につながるように、柔軟に対応しましょう。

この上司が相談している育児休業等によるハラスメントは、子の看護休暇、介護休暇等の請求や利用について、請求しないように言うこと、取り下げるように言うこと、解雇その他不利益な取扱いを示唆すること、繰り返しまたは継続的に嫌がらせ等をすることが対象となります。

上記のハラスメントをしないことは大原則ですが、休務する人のために、いつも特定の誰かが過重労働を強いられていては、第二のハラスメント被害を招いているようなものです。個人間の問題としてではなく、組織として、対策を考えることが重要です。

定年も延長され、勤労人生が長くなっています。誰もが育児や介護、また病気で休務する可能性がある、他人事ではないという意識が改善へのきっかけになるかもしれません。

【課題】
本ケースの続編で、Tさんが相談窓口に来る前に、Sさんが相談窓口に「Tさんのカバーで長時間労働を強いられて辛い。上司の理解もなく、自分が追い詰められている。」と相談に来ました。どのように対応しますか。
→対応のポイントはP94参照

ケース5　複合的なハラスメントに関する相談

（登場人物）

【商品開発部】
Ｓさん（マネジャー・女性・36歳）
Ｎさん（男性・25歳）

【相談窓口】
相談担当者・女性・41歳

（相談に至る経緯）
商品開発部のＮさんから、相談担当窓口へ「個人的なことで申し訳ないが、困っていることがあるので、話をきいてもらうことはできますか。」とメールが入った。**相談担当者より、就業するにあたり困っていることがあれば、どんなことでも話を聞くので、ぜひ相談室へ来てほしいと返信し、その日の夕方、Ｎさんの話を聞くことになった。**

（相談窓口対応）
相談担当者「Ｎさん、よろしくお願いいたします。お話しいただいた内容は、秘密を守りますし、相談によって不利益を受けることも決してありませんので、ご安心ください。」

Ｎさん「わかりました。ありがとうございます。僕の部の話なのですが、上司のＳさん（女性マネジャー）が僕のことをお気に入りと公言していて、**部の食事会で、Ｓさんに肩を抱かれたり、密着されたり、二人だけで飲みに行こうと誘われたことが何度かあったのです。**」

【相談内容】
明確に相談内容がまとまっていないことも多い。中には、就業におけるハラスメントではない場合もあるかもしれないが、まずは受け入れ、話を聞く姿勢を示す。

【セクハラの対象】
男性から女性への行為の他にも、女性が行為者である場合、また同性を対象にした行為、LGBTに関する性的嫌がらせなども対象となる。

相談担当者「Ｓさんから過度な接触があったのですね。周りの人はそれを知っていましたか。」

Ｎさん「はい。**結構目立っていたので、男性の先輩方にからかわれていました。**身体を触られたりするのは嫌でしたが、Ｓさんは感情的なので、拒否してヒステリーを起こされることが怖く、止めてほしいと言えませんでした。その後、先輩方に誘いに乗れば出世間違いなしと冷やかされ続けていて、これは収拾がつかなくなってきたと感じたので、Ｓさんと二人だけの二次会に強引に誘われそうになったとき、自分はゲイであるとＳさんと先輩方の前で話したんです。あの…非常に個人的なことで申し訳ないのですが、こういう話は大丈夫ですか。」

相談担当者「全く問題ありません。どうぞ安心して続けてください。Ｎさんは、それまで、自分が同性愛者であることは誰にも言っていなかったのに、あまりに執拗な誘いやからかいに、仕方なく伝えたわけですね。」

Ｎさん「同期の数名は知っていて、理解して付き合ってくれていましたが、目上の方に自ら話すことはしていませんでした。」

相談担当者「そうでしたか。**（声のトーンを落とし、ゆっくり返答した後、間をおいて）**Ｓさんはどのような反応でしたか。」

Ｎさん「はーっ？と一言発して、帰ってしまいました。その翌日から、Ｓさんから業務メールが一切来なくなり、他の先輩方にも無視されていると感じました。仕事の進捗を報告するために、Ｓさんに声をかけたところ、気持ち悪い

【セクハラの見過ごし・からかい】
行為者のみならず、周囲がその状況を注意しようとせず、からかったりすることもハラスメント行為に加担していると考えられる。

【LGBTへの対応】
LGBTも他のハラスメントや問題と同様、傾聴の姿勢を忘れずに、自身の偏見等押し付けたり、安易に軽々しく同調したりすることなく、丁寧に対応することが基本となる。

から近づかないで、と言われたので去ったところ、人事は
（同性愛者と）わかってて配属した訳？と吐き捨てるよう
に言っていたのが聞こえました。」

相談担当者「(驚くように) そんなことがあったのですか。
それは嫌な思いをされましたね。同期の方などに相談はさ
れましたか。」

Nさん「いいえ。**彼らを巻き込んでしまうことになるかと
思い、相談はしませんでした。同じ部の同期が、僕がゲイ
であることを隠してたと責められても困りますから。**幸い
今はLGBTに理解のある企業も増えてきましたので、僕が
そういう企業へ転職して、僕のことを忘れてもらうのが良
いのかな、と今は考えています。仕事自体はとても充実し
ていたのですが、僕を嫌がっている人を変えることはでき
ないし、と逡巡しながら、こちらへご連絡した次第です。」

相談担当者「**お話しいただき、ありがとうございます。会
社として、性の多様性についての教育や理解が足りていな
い部分があったのだと思います。ハラスメント防止担当者
として、その点お詫びします。Nさんが働きづらいから退
職を考えるという現状は絶対に改善しなくてはなりませ
ん。問題を解決するとともに、退職以外の選択肢を持てる
よう、引き続きお話しさせていただけませんか。**」

Nさん「ありがとうございます。もしかすると、僕以外に
も困っている人がいるかもしれませんね。どうすればいい
のだろう…。」

相談担当者「Nさんのご了承を得た後に、Sさんや他の方
に嫌がらせについて、事実の確認を進めたいと思います。

【LGBT理解者へのハ
ラスメント】
LGBT本人以外にも嫌
がらせが及ぶ危惧があ
ると、Nさんは心配を
している。周囲の理解
者にも嫌がらせが及ん
でいる場合は、必要に
応じて、相談や事実確
認の機会を設ける。

【ハラスメントは企業
全体の問題】
自分は転職すれば良い
という意向ではある
が、退職を考えるほど
のハラスメントがあっ
たことは企業全体の問
題、責任であることを
明確にし、Nさんの状
況を改善することを提
案した。

そして、今決めることは難しいと思いますが、会社に残るのであれば、どんな改善が必要か、また希望があるか、お聞かせいただくことはできますか。」

Nさん「会社全体でLGBTに限らず、ダイバーシティに理解があるように変わるのが理想ですが、難しいですよね。それに今は正直に申し上げて、心が疲れ切っていて、Sさんから見えないところへ行きたいということ以外、あまり考えられない感じです。」

相談担当者「**嫌な思いをしているところに、いろいろ考えさせてしまって、大変申し訳ありません。環境改善や人事異動などの可能性を含めて、またあらためて相談いたしましょう。そして重ね重ね嫌なことを思い出させてすみませんが、Sさんや周囲の人への事実確認はどうしても必要になってきます。こちらで進めさせていただいてよろしいでしょうか。」

Nさん「はい。会社にお任せします。」

相談担当者「明日、お昼までにこちらから再度ご連絡いたします。あらゆる報復措置などは禁じていますが、もしさらに困ったことがあったら、いつでも遠慮なくすぐに連絡してください。」

Nさん「ご配慮いただき、ありがとうございます。」

【聞きたいことばかり押し付けない】
本人の意向確認は必須であるが、考えがまとまっていない場合、また動揺が大きい場合などは性急に回答を求めることはせず、方向性のみ示し、次回以降の相談に持ち越す。

ケース5　REVIEW

LGBTへの嫌がらせがメインのテーマではありますが、その前の段階から、セクシュアルハラスメント行為、また、行為の目撃者からのからかいが見られる複合的なハラスメントのケースです。

本ケースは、Nさん本人がメールをしてくれましたが、何度もハラスメントを受けているうちに体調を崩して発覚したり、社内で噂が広がっていたりと、相談者からのコンタクトがないまま、問題が大きくなる場合もよく見られます。利用しやすい相談窓口の体制を整えるとともに、管理職や関連部署との連携、研修時のアンケート利用など、待つだけではなく、能動的な対策も考えてみましょう。

LGBTについて、皆さんの職場での理解度、ハラスメント防止への取組み状況はいかがでしょうか。性的志向・性自認に関する侮辱的な言動を行うことや、LGBTの当事者の了解を得ずに性的志向・性自認を暴露すること（アウティング）はパワーハラスメントにも該当し得るので、このようなことが起きないよう周知・啓発することが必要です。

企業におけるダイバーシティへの取組みが注目されて久しいですが、自分の組織では無理だ、あの人に理解してもらうのは無理だ、とあきらめることなく、地道な啓発活動の実施、相談しやすい体制の確立、あわせて、相談担当者としての知識を常に深めることが必要です。

【課題】

本ケースの続編で、Sマネジャーに事実確認をしたところ、「ゲイであるNさんが私を気持ち悪くさせているのだから、私がセクハラの被害者だ」と主張されました。どのように対応しますか。
→対応のポイントはP94参照

各ケース対応のポイント

[ケース1]
Kさんに経緯を説明の上、謝罪を受け入れてもらえるか、必ず確認する。何の断りもなく、直接謝罪の機会を設けてしまうと、二次的なハラスメントを生じる可能性がある。

[ケース2]
適正な指導の範囲内であるのか、事実確認が必要。過去に業務の適正な範囲を超えて、精神的・身体的苦痛を与える、職場環境を悪化させる行為等を受けた経験があれば、今、同じことをやり返して良い、同じ指導で苦痛を感じるのは当然だ、ということでは決してないことを理解してもらう。

[ケース3]
事実確認に誠実に応じない点は、ハラスメント規定、または就業規則の服務規律などで、懲戒の対象になることを伝える。また、本ケースは、派遣先責任者でもないのに、勝手に契約の話をした越権行為から、会社間の契約、また損害賠償等の請求を受ける可能性がある重大な問題であることを説明する。

[ケース4]
Sさんが困っていることを聞き取り、長時間労働の実態についても確認する。Tさんへの言動は確認できたら、あわせて聞き取るが、Tさんへのハラスメント言動があるからSさんの問題は取り扱えない、もしくは、Sさんは長時間労働を強制されているからTさんへは何を言っても仕方ない、という対応にならないように注意する。

[ケース5]
セクシュアルハラスメントとは、職場において行われる、労働者の意に反する性的な言動に対する労働者の対応により労働条件について不利益を受けたり、性的な言動により就業環境が害されたりすることを言う。NさんがSマネジャーに性的な言動をしていない限り、Nさんの性的指向や性自認のみでセクハラを受けていることにはならない。従って、SマネジャーがNさんに対して、これ以上ハラスメント言動をしないように厳重注意する。外部のダイバーシティ研修等に参加し、意識をあらためてもらい、レポート提出などを課すことも一案。

資　　料

法律は随時変更される場合があります。
実際に運用される時は原文をご参照ください。

資料1	雇用の分野における男女の均等な機会及び待遇の確保等に関する法律（抄）

（昭和47年法律第113号）

第2章　雇用の分野における男女の均等な機会及び待遇の確保等

第1節　性別を理由とする差別の禁止等

（婚姻、妊娠、出産等を理由とする不利益取扱いの禁止等）

第9条　（第1項　略）

2　（略）

3　事業主は、その雇用する女性労働者が妊娠したこと、出産したこと、労働基準法（昭和22年法律第49号）第65条第1項の規定による休業を請求し、又は同項若しくは同条第2項の規定による休業をしたことその他の妊娠又は出産に関する事由であって厚生労働省令で定めるものを理由として、当該女性労働者に対して解雇その他不利益な取扱いをしてはならない。

4　妊娠中の女性労働者及び出産後1年を経過しない女性労働者に対してなされた解雇は、無効とする。ただし、事業主が当該解雇が前項に規定する事由を理由とする解雇でないことを証明したときは、この限りでない。

第2節　事業主の講ずべき措置等

（職場における性的な言動に起因する問題に関する雇用管理上の措置等）

第11条　事業主は、職場において行われる性的な言動に対するその雇用する労働者の対応により当該労働者がその労働条件につき不利益を受け、又は当該性的な言動により当該労働者の就業環境が害されることのないよう、当該労働者からの相談に応じ、適切に対応するために必要な体制の整備その他の雇用管理上必要な措置を講じなければならない。

2　事業主は、労働者が前項の相談を行ったこと又は事業主による当該相談への対応に協力した際に事実を述べたことを理由として、当該労働者に対して解雇その他不利益な取扱いをしてはならない。

3　事業主は、他の事業主から当該事業主の講ずる第1項の措置の実施に関し必要な協力を求められた場合には、これに応ずるように努めなければならない。

4　厚生労働大臣は、前三項の規定に基づき事業主が講ずべき措置等に関して、その適切かつ有効な実施を図るために必要な指針を定めるものとする。

5　（略）

（職場における性的な言動に起因する問題に関する国、事業主及び労働者の責務）

第11条の2　国は、前条第1項に規定する不利益を与える行為又は労働者の就業環境を害する同項に規定する言動を行ってはならないことその他当該言動に起因する問題（以下この条において「性的言動問題」という。）に対する事業主その他国民一般の関心と理解を深めるため、広報活動、啓発活動その他の措置を講ずるように努めなければならない。

2　事業主は、性的言動問題に対するその雇用する労働者の関心と理解を深めるとともに、当該労働者が他の労働者に対する言動に必要な注意を払うよう、研修の実施その他の必

要な配慮をするほか、国の講ずる前項の措置に協力するように努めなければならない。

3　事業主（その者が法人である場合にあっては、その役員）は、自らも、性的言動問題に対する関心と理解を深め、労働者に対する言動に必要な注意を払うように努めなければならない。

4　労働者は、性的言動問題に対する関心と理解を深め、他の労働者に対する言動に必要な注意を払うとともに、事業主の講ずる前条第1項の措置に協力するように努めなければならない。

（職場における妊娠、出産等に関する言動に起因する問題に関する雇用管理上の措置等）

第11条の3　事業主は、職場において行われるその雇用する女性労働者に対する当該女性労働者が妊娠したこと、出産したこと、労働基準法第65条第1項の規定による休業を請求し、又は同項若しくは同条第2項の規定による休業をしたことその他の妊娠又は出産に関する事由であって厚生労働省令で定めるものに関する言動により当該女性労働者の就業環境が害されることのないよう、当該女性労働者からの相談に応じ、適切に対応するために必要な体制の整備その他の雇用管理上必要な措置を講じなければならない。

2　第11条第2項の規定は、労働者が前項の相談を行い、又は事業主による当該相談への対応に協力した際に事実を述べた場合について準用する。

3　厚生労働大臣は、前二項の規定に基づき事業主が講ずべき措置等に関して、その適切かつ有効な実施を図るために必要な指針を定めるものとする。

4　（略）

（職場における妊娠、出産等に関する言動に起因する問題に関する国、事業主及び労働者の責務）

第11条の4　国は、労働者の就業環境を害する前条第1項に規定する言動を行ってはならないことその他当該言動に起因する問題（以下この条において「妊娠・出産等関係言動問題」という。）に対する事業主その他国民一般の関心と理解を深めるため、広報活動、啓発活動その他の措置を講ずるように努めなければならない。

2　事業主は、妊娠・出産等関係言動問題に対するその雇用する労働者の関心と理解を深めるとともに、当該労働者が他の労働者に対する言動に必要な注意を払うよう、研修の実施その他の必要な配慮をするほか、国の講ずる前項の措置に協力するように努めなければならない。

3　事業主（その者が法人である場合にあっては、その役員）は、自らも、妊娠・出産等関係言動問題に対する関心と理解を深め、労働者に対する言動に必要な注意を払うように努めなければならない。

4　労働者は、妊娠・出産等関係言動問題に対する関心と理解を深め、他の労働者に対する言動に必要な注意を払うとともに、事業主の講ずる前条第1項の措置に協力するように努めなければならない。

第3章　紛争の解決
第1節　紛争の解決の援助等
（苦情の自主的解決）
第15条　事業主は、第6条、第7条、第9条、第12条及び第13条第1項に定める事項（労働者の募集及び採用に係るものを除く。）に関し、労働者から苦情の申出を受けたときは、苦情処理機関（事業主を代表する者及び当該事業場の労働者を代表する者を構成員とする当該事業場の労働者の苦情を処理するための機関をいう。）に対し当該苦情の処理をゆだねる等その自主的な解決を図るように努めなければならない。

（紛争の解決の促進に関する特例）
第16条　第5条から第7条まで、第9条、第11条第1項及び第2項（第11条の3第2項において準用する場合を含む。）、第11条の3第1項、第12条並びに第13条第1項に定める事項についての労働者と事業主との間の紛争については、個別労働関係紛争の解決の促進に関する法律（平成13年法律第112号）第4条、第5条及び第12条から第19条までの規定は適用せず、次条から第27条までに定めるところによる。

（紛争の解決の援助）
第17条　都道府県労働局長は、前条に規定する紛争に関し、当該紛争の当事者の双方又は一方からその解決につき援助を求められた場合には、当該紛争の当事者に対し、必要な助言、指導又は勧告をすることができる。
2　第11条第2項の規定は、労働者が前項の援助を求めた場合について準用する。

第2節　調停
（調停の委任）
第18条　都道府県労働局長は、第16条に規定する紛争（労働者の募集及び採用についての紛争を除く。）について、当該紛争の当事者（以下「関係当事者」という。）の双方又は一方から調停の申請があった場合において当該紛争の解決のために必要があると認めるときは、個別労働関係紛争の解決の促進に関する法律第6条第1項の紛争調整委員会（以下「委員会」という。）に調停を行わせるものとする。
2　第11条第2項の規定は、労働者が前項の申請をした場合について準用する。
第20条　委員会は、調停のため必要があると認めるときは、関係当事者又は関係当事者と同一の事業場に雇用される労働者その他の参考人の出頭を求め、その意見を聴くことができる。

第4章　雑則
（報告の徴収並びに助言、指導及び勧告）
第29条　厚生労働大臣は、この法律の施行に関し必要があると認めるときは、事業主に対して、報告を求め、又は助言、指導若しくは勧告をすることができる。
2　（略）

（公表）

第30条　厚生労働大臣は、第5条から第7条まで、第9条第1項から第3項まで、第11条第1項及び第2項（第11条の3第2項、第17条第2項及び第18条第2項において準用する場合を含む。）、第11条の3第1項、第12条並びに第13条第1項の規定に違反している事業主に対し、前条第1項の規定による勧告をした場合において、その勧告を受けた者がこれに従わなかったときは、その旨を公表することができる。

第5章　罰則

第33条　第29条第1項の規定による報告をせず、又は虚偽の報告をした者は、20万円以下の過料に処する。

事業主が職場における性的な言動に起因する問題に関して
雇用管理上講ずべき措置等についての指針

(平成18年厚生労働省告示第615号)
最終改正：令和2年厚生労働省告示第6号

1　はじめに

　この指針は、雇用の分野における男女の均等な機会及び待遇の確保等に関する法律（昭和47年法律第113号。以下「法」という。）第11条第1項から第3項までに規定する事業主が職場において行われる性的な言動に対するその雇用する労働者の対応により当該労働者がその労働条件につき不利益を受け、又は当該性的な言動により当該労働者の就業環境が害されること（以下「職場におけるセクシュアルハラスメント」という。）のないよう雇用管理上講ずべき措置等について、同条第4項の規定に基づき事業主が適切かつ有効な実施を図るために必要な事項について定めたものである。

2　職場におけるセクシュアルハラスメントの内容

⑴　職場におけるセクシュアルハラスメントには、職場において行われる性的な言動に対する労働者の対応により当該労働者がその労働条件につき不利益を受けるもの(以下「対価型セクシュアルハラスメント」という。)と、当該性的な言動により労働者の就業環境が害されるもの(以下「環境型セクシュアルハラスメント」という。)がある。

　なお、職場におけるセクシュアルハラスメントには、同性に対するものも含まれるものである。また、被害を受けた者（以下「被害者」という。）の性的指向又は性自認にかかわらず、当該者に対する職場におけるセクシュアルハラスメントも、本指針の対象となるものである。

⑵　「職場」とは、事業主が雇用する労働者が業務を遂行する場所を指し、当該労働者が通常就業している場所以外の場所であっても、当該労働者が業務を遂行する場所については、「職場」に含まれる。取引先の事務所、取引先と打合せをするための飲食店、顧客の自宅等であっても、当該労働者が業務を遂行する場所であればこれに該当する。

⑶　「労働者」とは、いわゆる正規雇用労働者のみならず、パートタイム労働者、契約社員等いわゆる非正規雇用労働者を含む事業主が雇用する労働者の全てをいう。

　また、派遣労働者については、派遣元事業主のみならず、労働者派遣の役務の提供を受ける者についても、労働者派遣事業の適正な運営の確保及び派遣労働者の保護等に関する法律（昭和60年法律第88号）第47条の2の規定により、その指揮命令の下に労働させる派遣労働者を雇用する事業主とみなされ、法第11条第1項及び第11条の2第2項の規定が適用されることから、労働者派遣の役務の提供を受ける者は、派遣労働者についてもその雇用する労働者と同様に、3⑴の配慮及び4の措置を講ずることが必要である。なお、法第11条第2項、第17条第2項及び第18条第2項の労働者に対する不利益な取扱いの禁止については、派遣労働者も対象に含まれるものであり、派遣元事業主のみならず、労働者派遣の役務の提供を受ける者もまた、当該者に派遣労働者が職場におけるセクシュアルハラスメントの相談を行ったこと等を理由として、当該派遣労働者に係る労働者派遣の役務の提供を拒む等、当該派遣労働者に対する不利益な取扱いを

行ってはならない。
(4)　「性的な言動」とは、性的な内容の発言及び性的な行動を指し、この「性的な内容の発言」には、性的な事実関係を尋ねること、性的な内容の情報を意図的に流布すること等が、「性的な行動」には、性的な関係を強要すること、必要なく身体に触ること、わいせつな図画を配布すること等が、それぞれ含まれる。当該言動を行う者には、労働者を雇用する事業主（その者が法人である場合にあってはその役員。以下この(4)において同じ。）、上司、同僚に限らず、取引先等の他の事業主又はその雇用する労働者、顧客、患者又はその家族、学校における生徒等もなり得る。
(5)　「対価型セクシュアルハラスメント」とは、職場において行われる労働者の意に反する性的な言動に対する労働者の対応により、当該労働者が解雇、降格、減給等の不利益を受けることであって、その状況は多様であるが、典型的な例として、次のようなものがある。
　　イ　事務所内において事業主が労働者に対して性的な関係を要求したが、拒否されたため、当該労働者を解雇すること。
　　ロ　出張中の車中において上司が労働者の腰、胸等に触ったが、抵抗されたため、当該労働者について不利益な配置転換をすること。
　　ハ　営業所内において事業主が日頃から労働者に係る性的な事柄について公然と発言していたが、抗議されたため、当該労働者を降格すること。
(6)　「環境型セクシュアルハラスメント」とは、職場において行われる労働者の意に反する性的な言動により労働者の就業環境が不快なものとなったため、能力の発揮に重大な悪影響が生じる等当該労働者が就業する上で看過できない程度の支障が生じることであって、その状況は多様であるが、典型的な例として、次のようなものがある。
　　イ　事務所内において上司が労働者の腰、胸等に度々触ったため、当該労働者が苦痛に感じてその就業意欲が低下していること。
　　ロ　同僚が取引先において労働者に係る性的な内容の情報を意図的かつ継続的に流布したため、当該労働者が苦痛に感じて仕事が手につかないこと。
　　ハ　労働者が抗議をしているにもかかわらず、事務所内にヌードポスターを掲示しているため、当該労働者が苦痛に感じて業務に専念できないこと。

3　事業主等の責務
(1)　事業主の責務
　　法第11条の2第2項の規定により、事業主は、職場におけるセクシュアルハラスメントを行ってはならないことその他職場におけるセクシュアルハラスメントに起因する問題（以下「セクシュアルハラスメント問題」という。）に対するその雇用する労働者の関心と理解を深めるとともに、当該労働者が他の労働者（他の事業主が雇用する労働者及び求職者を含む。(2)において同じ。）に対する言動に必要な注意を払うよう、研修の実施その他の必要な配慮をするほか、国の講ずる同条第1項の広報活動、啓発活動そ

の他の措置に協力するように努めなければならない。なお、職場におけるセクシュアル
ハラスメントに起因する問題としては、例えば、労働者の意欲の低下などによる職場環
境の悪化や職場全体の生産性の低下、労働者の健康状態の悪化、休職や退職などにつな
がり得ること、これらに伴う経営的な損失等が考えられる。

　　また、事業主（その者が法人である場合にあっては、その役員）は、自らも、セクシュ
アルハラスメント問題に対する関心と理解を深め、労働者（他の事業主が雇用する労働
者及び求職者を含む。）に対する言動に必要な注意を払うように努めなければならない。
(2) 労働者の責務
　　法第11条の２第４項の規定により、労働者は、セクシュアルハラスメント問題に対
する関心と理解を深め、他の労働者に対する言動に必要な注意を払うとともに、事業主
の講ずる４の措置に協力するように努めなければならない。

4　事業主が職場における性的な言動に起因する問題に関し雇用管理上講ずべき措置の内容

　　事業主は、職場におけるセクシュアルハラスメントを防止するため、雇用管理上次の措
置を講じなければならない。
(1) 事業主の方針等の明確化及びその周知・啓発
　　事業主は、職場におけるセクシュアルハラスメントに関する方針の明確化、労働者に
対するその方針の周知・啓発として、次の措置を講じなければならない。
　　なお、周知・啓発をするに当たっては、職場におけるセクシュアルハラスメントの防
止の効果を高めるため、その発生の原因や背景について労働者の理解を深めることが重
要である。その際、職場におけるセクシュアルハラスメントの発生の原因や背景には、
性別役割分担意識に基づく言動もあると考えられ、こうした言動をなくしていくことが
セクシュアルハラスメントの防止の効果を高める上で重要であることに留意することが
必要である。
イ　職場におけるセクシュアルハラスメントの内容及び職場におけるセクシュアルハラ
　　スメントを行ってはならない旨の方針を明確化し、管理監督者を含む労働者に周知・
　　啓発すること。
　　（事業主の方針を明確化し、労働者に周知・啓発していると認められる例）
　　①　就業規則その他の職場における服務規律等を定めた文書において、職場における
　　　　セクシュアルハラスメントを行ってはならない旨の方針を規定し、当該規定と併せ
　　　　て、職場におけるセクシュアルハラスメントの内容及び性別役割分担意識に基づく
　　　　言動がセクシュアルハラスメントの発生の原因や背景となり得ることを、労働者に
　　　　周知・啓発すること。
　　②　社内報、パンフレット、社内ホームページ等広報又は啓発のための資料等に職場
　　　　におけるセクシュアルハラスメントの内容及び性別役割分担意識に基づく言動がセ
　　　　クシュアルハラスメントの発生の原因や背景となり得ること並びに職場におけるセ

クシュアルハラスメントを行ってはならない旨の方針を記載し、配布等すること。
　③　職場におけるセクシュアルハラスメントの内容及び性別役割分担意識に基づく言動がセクシュアルハラスメントの発生の原因や背景となり得ること並びに職場におけるセクシュアルハラスメントを行ってはならない旨の方針を労働者に対して周知・啓発するための研修、講習等を実施すること。
ロ　職場におけるセクシュアルハラスメントに係る性的な言動を行った者については、厳正に対処する旨の方針及び対処の内容を就業規則その他の職場における服務規律等を定めた文書に規定し、管理監督者を含む労働者に周知・啓発すること。
（対処方針を定め、労働者に周知・啓発していると認められる例）
　①　就業規則その他の職場における服務規律等を定めた文書において、職場におけるセクシュアルハラスメントに係る性的な言動を行った者に対する懲戒規定を定め、その内容を労働者に周知・啓発すること。
　②　職場におけるセクシュアルハラスメントに係る性的な言動を行った者は、現行の就業規則その他の職場における服務規律等を定めた文書において定められている懲戒規定の適用の対象となる旨を明確化し、これを労働者に周知・啓発すること。
(2)　相談（苦情を含む。以下同じ。）に応じ、適切に対応するために必要な体制の整備
　　事業主は、労働者からの相談に対し、その内容や状況に応じ適切かつ柔軟に対応するために必要な体制の整備として、次の措置を講じなければならない。
イ　相談への対応のための窓口（以下「相談窓口」という。）をあらかじめ定め、労働者に周知すること。
（相談窓口をあらかじめ定めていると認められる例）
　①　相談に対応する担当者をあらかじめ定めること。
　②　相談に対応するための制度を設けること。
　③　外部の機関に相談への対応を委託すること。
ロ　イの相談窓口の担当者が、相談に対し、その内容や状況に応じ適切に対応できるようにすること。また、相談窓口においては、被害を受けた労働者が萎縮するなどして相談を躊躇する例もあること等も踏まえ、相談者の心身の状況や当該言動が行われた際の受け止めなどその認識にも配慮しながら、職場におけるセクシュアルハラスメントが現実に生じている場合だけでなく、その発生のおそれがある場合や、職場におけるセクシュアルハラスメントに該当するか否か微妙な場合であっても、広く相談に対応し、適切な対応を行うようにすること。例えば、放置すれば就業環境を害するおそれがある場合や、性別役割分担意識に基づく言動が原因や背景となってセクシュアルハラスメントが生じるおそれがある場合等が考えられる。
（相談窓口の担当者が適切に対応することができるようにしていると認められる例）
　①　相談窓口の担当者が相談を受けた場合、その内容や状況に応じて、相談窓口の担当者と人事部門とが連携を図ることができる仕組みとすること。
　②　相談窓口の担当者が相談を受けた場合、あらかじめ作成した留意点などを記載し

たマニュアルに基づき対応すること。
　　③　相談窓口の担当者に対し、相談を受けた場合の対応についての研修を行うこと。
(3)　職場におけるセクシュアルハラスメントに係る事後の迅速かつ適切な対応
　　事業主は、職場におけるセクシュアルハラスメントに係る相談の申出があった場合において、その事案に係る事実関係の迅速かつ正確な確認及び適正な対処として、次の措置を講じなければならない。
　イ　事案に係る事実関係を迅速かつ正確に確認すること。なお、セクシュアルハラスメントに係る性的な言動の行為者とされる者（以下「行為者」という。）が、他の事業主が雇用する労働者又は他の事業主（その者が法人である場合にあっては、その役員）である場合には、必要に応じて、他の事業主に事実関係の確認への協力を求めることも含まれる。
　　（事案に係る事実関係を迅速かつ正確に確認していると認められる例）
　　①　相談窓口の担当者、人事部門又は専門の委員会等が、相談を行った労働者（以下「相談者」という。）及び行為者の双方から事実関係を確認すること。その際、相談者の心身の状況や当該言動が行われた際の受け止めなどその認識にも適切に配慮すること。
　　　　また、相談者と行為者との間で事実関係に関する主張に不一致があり、事実の確認が十分にできないと認められる場合には、第三者からも事実関係を聴取する等の措置を講ずること。
　　②　事実関係を迅速かつ正確に確認しようとしたが、確認が困難な場合などにおいて、法第18条に基づく調停の申請を行うことその他中立な第三者機関に紛争処理を委ねること。
　ロ　イにより、職場におけるセクシュアルハラスメントが生じた事実が確認できた場合においては、速やかに被害を受けた労働者（以下「被害者」という。）に対する配慮のための措置を適正に行うこと。
　　（措置を適正に行っていると認められる例）
　　①　事案の内容や状況に応じ、被害者と行為者の間の関係改善に向けての援助、被害者と行為者を引き離すための配置転換、行為者の謝罪、被害者の労働条件上の不利益の回復、管理監督者又は事業場内産業保健スタッフ等による被害者のメンタルヘルス不調への相談対応等の措置を講ずること。
　　②　法第18条に基づく調停その他中立な第三者機関の紛争解決案に従った措置を被害者に対して講ずること。
　ハ　イにより、職場におけるセクシュアルハラスメントが生じた事実が確認できた場合においては、行為者に対する措置を適正に行うこと。
　　（措置を適正に行っていると認められる例）
　　①　就業規則その他の職場における服務規律等を定めた文書における職場におけるセクシュアルハラスメントに関する規定等に基づき、行為者に対して必要な懲戒その

他の措置を講ずること。あわせて事案の内容や状況に応じ、被害者と行為者の間の関係改善に向けての援助、被害者と行為者を引き離すための配置転換、行為者の謝罪等の措置を講ずること。

② 法第18条に基づく調停その他中立な第三者機関の紛争解決案に従った措置を行為者に対して講ずること。

ニ 改めて職場におけるセクシュアルハラスメントに関する方針を周知・啓発する等の再発防止に向けた措置を講ずること。

なお、セクシュアルハラスメントに係る性的な言動の行為者が、他の事業主が雇用する労働者又は他の事業主（その者が法人である場合にあっては、その役員）である場合には、必要に応じて、他の事業主に再発防止に向けた措置への協力を求めることも含まれる。

また、職場におけるセクシュアルハラスメントが生じた事実が確認できなかった場合においても、同様の措置を講ずること。

（再発防止に向けた措置を講じていると認められる例）

① 職場におけるセクシュアルハラスメントを行ってはならない旨の方針及び職場におけるセクシュアルハラスメントに係る性的な言動を行った者について厳正に対処する旨の方針を、社内報、パンフレット、社内ホームページ等広報又は啓発のための資料等に改めて掲載し、配布等すること。

② 労働者に対して職場におけるセクシュアルハラスメントに関する意識を啓発するための研修、講習等を改めて実施すること。

(4) (1)から(3)までの措置と併せて講ずべき措置

(1)から(3)までの措置を講ずるに際しては、併せて次の措置を講じなければならない。

イ 職場におけるセクシュアルハラスメントに係る相談者・行為者等の情報は当該相談者・行為者等のプライバシーに属するものであることから、相談への対応又は当該セクシュアルハラスメントに係る事後の対応に当たっては、相談者・行為者等のプライバシーを保護するために必要な措置を講ずるとともに、その旨を労働者に対して周知すること。

（相談者・行為者等のプライバシーを保護するために必要な措置を講じていると認められる例）

① 相談者・行為者等のプライバシーの保護のために必要な事項をあらかじめマニュアルに定め、相談窓口の担当者が相談を受けた際には、当該マニュアルに基づき対応するものとすること。

② 相談者・行為者等のプライバシーの保護のために、相談窓口の担当者に必要な研修を行うこと。

③ 相談窓口においては相談者・行為者等のプライバシーを保護するために必要な措置を講じていることを、社内報、パンフレット、社内ホームページ等広報又は啓発のための資料等に掲載し、配布等すること。

□ 法第11条第2項、第17条第2項及び第18条第2項の規定を踏まえ、労働者が職場におけるセクシュアルハラスメントに関し相談をしたこと若しくは事実関係の確認等の事業主の雇用管理上講ずべき措置に協力したこと、都道府県労働局に対して相談、紛争解決の援助の求め若しくは調停の申請を行ったこと又は調停の出頭の求めに応じたこと（以下「セクシュアルハラスメントの相談等」という。）を理由として、解雇その他不利益な取扱いをされない旨を定め、労働者に周知・啓発すること。
（不利益な取扱いをされない旨を定め、労働者にその周知・啓発することについて措置を講じていると認められる例）
① 就業規則その他の職場における服務規律等を定めた文書において、セクシュアルハラスメントの相談等を理由として、当該労働者が解雇等の不利益な取扱いをされない旨を規定し、労働者に周知・啓発をすること。
② 社内報、パンフレット、社内ホームページ等広報又は啓発のための資料等に、セクシュアルハラスメントの相談等を理由として、当該労働者が解雇等の不利益な取扱いをされない旨を記載し、労働者に配布等すること。

5　他の事業主の講ずる雇用管理上の措置の実施に関する協力

　法第11条第3項の規定により、事業主は、当該事業主が雇用する労働者又は当該事業主（その者が法人である場合にあっては、その役員）による他の事業主の雇用する労働者に対する職場におけるセクシュアルハラスメントに関し、他の事業主から、事実関係の確認等の雇用管理上の措置の実施に関し必要な協力を求められた場合には、これに応ずるように努めなければならない。

　また、同項の規定の趣旨に鑑みれば、事業主が、他の事業主から雇用管理上の措置への協力を求められたことを理由として、当該事業主に対し、当該事業主との契約を解除する等の不利益な取扱いを行うことは望ましくないものである。

6　事業主が職場における性的な言動に起因する問題に関し行うことが望ましい取組の内容

　事業主は、職場におけるセクシュアルハラスメントを防止するため、4の措置に加え、次の取組を行うことが望ましい。
(1)　職場におけるセクシュアルハラスメントは、パワーハラスメント（事業主が職場における優越的な関係を背景とした言動に起因する問題に関して雇用管理上講ずべき措置等についての指針（令和2年厚生労働省告示第5号）に規定する「職場におけるパワーハラスメント」をいう。以下同じ。）、妊娠、出産等に関するハラスメント（事業主が職場における妊娠、出産等に関する言動に起因する問題に関して雇用管理上講ずべき措置等についての指針（平成28年厚生労働省告示第312号）に規定する「職場における妊娠、出産等に関するハラスメント」をいう。）、育児休業等に関するハラスメント（子の養育又は家族の介護を行い、又は行うこととなる労働者の職業生活と家庭生活との両立が図

られるようにするために事業主が講ずべき措置等に関する指針（平成21年厚生労働省告示第509号）に規定する「職場における育児休業等に関するハラスメント」をいう。）その他のハラスメントと複合的に生じることも想定されることから、事業主は、例えば、パワーハラスメント等の相談窓口と一体的に、職場におけるセクシュアルハラスメントの相談窓口を設置し、一元的に相談に応じることのできる体制を整備することが望ましい。

（一元的に相談に応じることのできる体制の例）

① 相談窓口で受け付けることのできる相談として、職場におけるセクシュアルハラスメントのみならず、パワーハラスメント等も明示すること。

② 職場におけるセクシュアルハラスメントの相談窓口がパワーハラスメント等の相談窓口を兼ねること。

(2) 事業主は、4の措置を講じる際に、必要に応じて、労働者や労働組合等の参画を得つつ、アンケート調査や意見交換等を実施するなどにより、その運用状況の的確な把握や必要な見直しの検討等に努めることが重要である。なお、労働者や労働組合等の参画を得る方法として、例えば、労働安全衛生法（昭和47年法律第57号）第18条第1項に規定する衛生委員会の活用なども考えられる。

7 事業主が自らの雇用する労働者以外の者に対する言動に関し行うことが望ましい取組の内容

3の事業主及び労働者の責務の趣旨に鑑みれば、事業主は、当該事業主が雇用する労働者が、他の労働者（他の事業主が雇用する労働者及び求職者を含む。）のみならず、個人事業主、インターンシップを行っている者等の労働者以外の者に対する言動についても必要な注意を払うよう配慮するとともに、事業主（その者が法人である場合にあっては、その役員）自らと労働者も、労働者以外の者に対する言動について必要な注意を払うよう努めることが望ましい。

こうした責務の趣旨も踏まえ、事業主は、4(1)イの職場におけるセクシュアルハラスメントを行ってはならない旨の方針の明確化等を行う際に、当該事業主が雇用する労働者以外の者（他の事業主が雇用する労働者、就職活動中の学生等の求職者及び労働者以外の者）に対する言動についても、同様の方針を併せて示すことが望ましい。

また、これらの者から職場におけるセクシュアルハラスメントに類すると考えられる相談があった場合には、その内容を踏まえて、4の措置も参考にしつつ、必要に応じて適切な対応を行うように努めることが望ましい。

事業主が職場における妊娠、出産等に関する言動に起因する問題に関して雇用管理上講ずべき措置等についての指針

（平成28年厚生労働省告示312号）
最終改正：令和2年厚生労働省告示第6号

1　はじめに

　この指針は、雇用の分野における男女の均等な機会及び待遇の確保等に関する法律（昭和47年法律第113号。以下「法」という。）第11条の3第1項及び第2項に規定する事業主が職場において行われるその雇用する女性労働者に対する当該女性労働者が妊娠したこと、出産したことその他の妊娠又は出産に関する事由であって雇用の分野における男女の均等な機会及び待遇の確保等に関する法律施行規則（昭和61年労働省令第2号。以下「均等則」という。）第2条の3で定めるもの（以下「妊娠、出産等」という。）に関する言動により当該女性労働者の就業環境が害されること（以下「職場における妊娠、出産等に関するハラスメント」という。）のないよう雇用管理上講ずべき措置等について、法第11条の3第3項の規定に基づき事業主が適切かつ有効な実施を図るために必要な事項について定めたものである。

2　職場における妊娠、出産等に関するハラスメントの内容

(1)　職場における妊娠、出産等に関するハラスメントには、上司又は同僚から行われる以下のものがある。なお、業務分担や安全配慮等の観点から、客観的にみて、業務上の必要性に基づく言動によるものについては、職場における妊娠、出産等に関するハラスメントには該当しない。

　　イ　その雇用する女性労働者の労働基準法（昭和22年法律第49号）第65条第1項の規定による休業その他の妊娠又は出産に関する制度又は措置の利用に関する言動により就業環境が害されるもの（以下「制度等の利用への嫌がらせ型」という。）

　　ロ　その雇用する女性労働者が妊娠したこと、出産したことその他の妊娠又は出産に関する言動により就業環境が害されるもの（以下「状態への嫌がらせ型」という。）

(2)　「職場」とは、事業主が雇用する女性労働者が業務を遂行する場所を指し、当該女性労働者が通常就業している場所以外の場所であっても、当該女性労働者が業務を遂行する場所については、「職場」に含まれる。

(3)　「労働者」とは、いわゆる正規雇用労働者のみならず、パートタイム労働者、契約社員等いわゆる非正規雇用労働者を含む事業主が雇用する労働者の全てをいう。また、派遣労働者については、派遣元事業主のみならず、労働者派遣の役務の提供を受ける者についても、労働者派遣事業の適正な運営の確保及び派遣労働者の保護等に関する法律（昭和60年法律第88号）第47条の2の規定により、その指揮命令の下に労働させる派遣労働者を雇用する事業主とみなされ、法第11条の3第1項及び第11条の4第2項の規定が適用されることから、労働者派遣の役務の提供を受ける者は、派遣労働者についてもその雇用する労働者と同様に、3(1)の配慮及び4の措置を講ずることが必要である。なお、法第11条の3第2項、第17条第2項及び第18条第2項の労働者に対する不利益な取扱いの禁止については、派遣労働者も対象に含まれるものであり、派遣元事業主のみ

ならず、労働者派遣の役務の提供を受ける者もまた、当該者に派遣労働者が職場における妊娠・出産等に関するハラスメントの相談を行ったこと等を理由として、当該派遣労働者に係る労働者派遣の役務の提供を拒む等、当該派遣労働者に対する不利益な取扱いを行ってはならない。

(4) 「制度等の利用への嫌がらせ型」とは、具体的には、イ①から⑥までに掲げる制度又は措置（以下「制度等」という。）の利用に関する言動により就業環境が害されるものである。典型的な例として、ロに掲げるものがあるが、ロに掲げるものは限定列挙ではないことに留意が必要である。

イ　制度等

① 妊娠中及び出産後の健康管理に関する措置（母性健康管理措置）（均等則第2条の3第3号関係）

② 坑内業務の就業制限及び危険有害業務の就業制限（均等則第2条の3第4号関係）

③ 産前休業（均等則第2条の3第5号関係）

④ 軽易な業務への転換（均等則第2条の3第6号関係）

⑤ 変形労働時間制がとられる場合における法定労働時間を超える労働時間の制限、時間外労働及び休日労働の制限並びに深夜業の制限（均等則第2条の3第7号関係）

⑥ 育児時間（均等則第2条の3第8号関係）

ロ　典型的な例

① 解雇その他不利益な取扱い（法第9条第3項に規定する解雇その他不利益な取扱いをいう。以下同じ。）を示唆するもの

女性労働者が、制度等の利用の請求等（措置の求め、請求又は申出をいう。以下同じ。）をしたい旨を上司に相談したこと、制度等の利用の請求等をしたこと、又は制度等の利用をしたことにより、上司が当該女性労働者に対し、解雇その他不利益な取扱いを示唆すること。

② 制度等の利用の請求等又は制度等の利用を阻害するもの

客観的にみて、言動を受けた女性労働者の制度等の利用の請求等又は制度等の利用が阻害されるものが該当する。

(イ) 女性労働者が制度等の利用の請求等をしたい旨を上司に相談したところ、上司が当該女性労働者に対し、当該請求等をしないよう言うこと。

(ロ) 女性労働者が制度等の利用の請求等をしたところ、上司が当該女性労働者に対し、当該請求等を取り下げるよう言うこと。

(ハ) 女性労働者が制度等の利用の請求等をしたい旨を同僚に伝えたところ、同僚が当該女性労働者に対し、繰り返し又は継続的に当該請求等をしないよう言うこと（当該女性労働者がその意に反することを当該同僚に明示しているにもかかわらず、更に言うことを含む。）。

(二) 女性労働者が制度等の利用の請求等をしたところ、同僚が当該女性労働者に対し、繰り返し又は継続的に当該請求等を取り下げるよう言うこと（当該女性労働

者がその意に反することを当該同僚に明示しているにもかかわらず、更に言うことを含む。）。

③　制度等の利用をしたことにより嫌がらせ等をするもの

客観的にみて、言動を受けた女性労働者の能力の発揮や継続就業に重大な悪影響が生じる等当該女性労働者が就業する上で看過できない程度の支障が生じるようなものが該当する。

女性労働者が制度等の利用をしたことにより、上司又は同僚が当該女性労働者に対し、繰り返し又は継続的に嫌がらせ等（嫌がらせ的な言動、業務に従事させないこと又は専ら雑務に従事させることをいう。以下同じ。）をすること（当該女性労働者がその意に反することを当該上司又は同僚に明示しているにもかかわらず、更に言うことを含む。）。

(5)　「状態への嫌がらせ型」とは、具体的には、イ①から⑤までに掲げる妊娠又は出産に関する事由（以下「妊娠等したこと」という。）に関する言動により就業環境が害されるものである。典型的な例として、ロに掲げるものがあるが、ロに掲げるものは限定列挙ではないことに留意が必要である。

イ　妊娠又は出産に関する事由

①　妊娠したこと（均等則第２条の３第１号関係）。

②　出産したこと（均等則第２条の３第２号関係）。

③　坑内業務の就業制限若しくは危険有害業務の就業制限の規定により業務に就くことができないこと又はこれらの業務に従事しなかったこと（均等則第２条の３第４号関係）。

④　産後の就業制限の規定により就業できず、又は産後休業をしたこと（均等則第２条の３第５号関係）。

⑤　妊娠又は出産に起因する症状により労務の提供ができないこと若しくはできなかったこと又は労働能率が低下したこと（均等則第２条の３第９号関係）。なお、「妊娠又は出産に起因する症状」とは、つわり、妊娠悪阻、切迫流産、出産後の回復不全等、妊娠又は出産をしたことに起因して妊産婦に生じる症状をいう。

ロ　典型的な例

①　解雇その他不利益な取扱いを示唆するもの

女性労働者が妊娠等したことにより、上司が当該女性労働者に対し、解雇その他不利益な取扱いを示唆すること。

②　妊娠等したことにより嫌がらせ等をするもの

客観的にみて、言動を受けた女性労働者の能力の発揮や継続就業に重大な悪影響が生じる等当該女性労働者が就業する上で看過できない程度の支障が生じるようなものが該当する。

女性労働者が妊娠等したことにより、上司又は同僚が当該女性労働者に対し、繰り返し又は継続的に嫌がらせ等をすること（当該女性労働者がその意に反すること

を当該上司又は同僚に明示しているにもかかわらず、更に言うことを含む。）。

3　事業主等の責務
(1)　事業主の責務

　　法第11条の４第２項の規定により、事業主は、職場における妊娠、出産等に関するハラスメントを行ってはならないことその他職場における妊娠、出産等に関するハラスメントに起因する問題（以下「妊娠、出産等に関するハラスメント問題」という。）に対するその雇用する労働者の関心と理解を深めるとともに、当該労働者が他の労働者（他の事業主が雇用する労働者及び求職者を含む。(2)において同じ。）に対する言動に必要な注意を払うよう、研修の実施その他の必要な配慮をするほか、国の講ずる同条第１項の広報活動、啓発活動その他の措置に協力するように努めなければならない。なお、職場における妊娠、出産等に関するハラスメントに起因する問題としては、例えば、労働者の意欲の低下などによる職場環境の悪化や職場全体の生産性の低下、労働者の健康状態の悪化、休職や退職などにつながり得ること、これらに伴う経営的な損失等が考えられる。

　　また、事業主（その者が法人である場合にあっては、その役員）は、自らも、妊娠、出産等に関するハラスメント問題に対する関心と理解を深め、労働者（他の事業主が雇用する労働者及び求職者を含む。）に対する言動に必要な注意を払うように努めなければならない。

(2)　労働者の責務

　　法第11条の４第４項の規定により、労働者は、妊娠、出産等に関するハラスメント問題に対する関心と理解を深め、他の労働者に対する言動に必要な注意を払うとともに、事業主の講ずる４の措置に協力するように努めなければならない。

4　事業主が職場における妊娠、出産等に関する言動に起因する問題に関し雇用管理上講ずべき措置の内容

　事業主は、職場における妊娠、出産等に関するハラスメントを防止するため、雇用管理上次の措置を講じなければならない。なお、事業主が行う妊娠、出産等を理由とする不利益取扱い（就業環境を害する行為を含む。）については、既に法第9条第３項で禁止されており、こうした不利益取扱いを行わないため、当然に自らの行為の防止に努めることが求められる。

(1)　事業主の方針等の明確化及びその周知・啓発

　　事業主は、職場における妊娠、出産等に関するハラスメントに対する方針の明確化、労働者に対するその方針の周知・啓発として、次の措置を講じなければならない。

　　なお、周知・啓発をするに当たっては、職場における妊娠、出産等に関するハラスメントの防止の効果を高めるため、その発生の原因や背景について労働者の理解を深めることが重要である。その際、職場における妊娠、出産等に関するハラスメントの発生の

原因や背景には、(i)妊娠、出産等に関する否定的な言動（不妊治療に対する否定的な言動を含め、他の女性労働者の妊娠、出産等の否定につながる言動（当該女性労働者に直接行わない言動も含む。）をいい、単なる自らの意思の表明を除く。以下同じ。）が頻繁に行われるなど制度等の利用又は制度等の利用の請求等をしにくい職場風土や、(ii)制度等の利用ができることの職場における周知が不十分であることなどもあると考えられる。そのため、これらを解消していくことが職場における妊娠、出産等に関するハラスメントの防止の効果を高める上で重要であることに留意することが必要である。

イ　職場における妊娠、出産等に関するハラスメントの内容（以下「ハラスメントの内容」という。）及び妊娠、出産等に関する否定的な言動が職場における妊娠、出産等に関するハラスメントの発生の原因や背景となり得ること（以下「ハラスメントの背景等」という。）、職場における妊娠、出産等に関するハラスメントを行ってはならない旨の方針（以下「事業主の方針」という。）並びに制度等の利用ができる旨を明確化し、管理監督者を含む労働者に周知・啓発すること。

（事業主の方針等を明確化し、労働者に周知・啓発していると認められる例）

①　就業規則その他の職場における服務規律等を定めた文書において、事業主の方針及び制度等の利用ができる旨について規定し、当該規定と併せて、ハラスメントの内容及びハラスメントの背景等を労働者に周知・啓発すること。

②　社内報、パンフレット、社内ホームページ等広報又は啓発のための資料等にハラスメントの内容及びハラスメントの背景等、事業主の方針並びに制度等の利用ができる旨について記載し、配布等すること。

③　ハラスメントの内容及びハラスメントの背景等、事業主の方針並びに制度等の利用ができる旨を労働者に対して周知・啓発するための研修、講習等を実施すること。

ロ　職場における妊娠、出産等に関するハラスメントに係る言動を行った者については、厳正に対処する旨の方針及び対処の内容を就業規則その他の職場における服務規律等を定めた文書に規定し、管理監督者を含む労働者に周知・啓発すること。

（対処方針を定め、労働者に周知・啓発していると認められる例）

①　就業規則その他の職場における服務規律等を定めた文書において、職場における妊娠、出産等に関するハラスメントに係る言動を行った者に対する懲戒規定を定め、その内容を労働者に周知・啓発すること。

②　職場における妊娠、出産等に関するハラスメントに係る言動を行った者は、現行の就業規則その他の職場における服務規律等を定めた文書において定められている懲戒規定の適用の対象となる旨を明確化し、これを労働者に周知・啓発すること。

(2)　相談（苦情を含む。以下同じ。）に応じ、適切に対応するために必要な体制の整備

事業主は、労働者からの相談に対し、その内容や状況に応じ適切かつ柔軟に対応するために必要な体制の整備として、イ及びロの措置を講じなければならない。

イ　相談への対応のための窓口（以下「相談窓口」という。）をあらかじめ定め、労働者に周知すること。

(相談窓口をあらかじめ定めていると認められる例)
① 相談に対応する担当者をあらかじめ定めること。
② 相談に対応するための制度を設けること。
③ 外部の機関に相談への対応を委託すること。
□ イの相談窓口の担当者が、相談に対し、その内容や状況に応じ適切に対応できるようにすること。また、相談窓口においては、被害を受けた労働者が萎縮するなどして相談を躊躇する例もあること等も踏まえ、相談者の心身の状況や当該言動が行われた際の受け止めなどその認識にも配慮しながら、職場における妊娠、出産等に関するハラスメントが現実に生じている場合だけでなく、その発生のおそれがある場合や、職場における妊娠、出産等に関するハラスメントに該当するか否か微妙な場合等であっても、広く相談に対応し、適切な対応を行うようにすること。例えば、放置すれば就業環境を害するおそれがある場合や、妊娠、出産等に関する否定的な言動が原因や背景となって職場における妊娠、出産等に関するハラスメントが生じるおそれがある場合等が考えられる。
(相談窓口の担当者が適切に対応することができるようにしていると認められる例)
① 相談窓口の担当者が相談を受けた場合、その内容や状況に応じて、相談窓口の担当者と人事部門とが連携を図ることができる仕組みとすること。
② 相談窓口の担当者が相談を受けた場合、あらかじめ作成した留意点などを記載したマニュアルに基づき対応すること。
③ 相談窓口の担当者に対し、相談を受けた場合の対応についての研修を行うこと。
(3) 職場における妊娠、出産等に関するハラスメントに係る事後の迅速かつ適切な対応
　事業主は、職場における妊娠、出産等に関するハラスメントに係る相談の申出があった場合において、その事案に係る事実関係の迅速かつ正確な確認及び適正な対処として、次の措置を講じなければならない。
　イ　事案に係る事実関係を迅速かつ正確に確認すること。
　(事案に係る事実関係を迅速かつ正確に確認していると認められる例)
① 相談窓口の担当者、人事部門又は専門の委員会等が、相談を行った労働者（以下「相談者」という。）及び職場における妊娠、出産等に関するハラスメントに係る言動の行為者とされる者（以下「行為者」という。）の双方から事実関係を確認すること。その際、相談者の心身の状況や当該言動が行われた際の受け止めなどその認識にも適切に配慮すること。
　　また、相談者と行為者との間で事実関係に関する主張に不一致があり、事実の確認が十分にできないと認められる場合には、第三者からも事実関係を聴取する等の措置を講ずること。
② 事実関係を迅速かつ正確に確認しようとしたが、確認が困難な場合などにおいて、法第18条に基づく調停の申請を行うことその他中立な第三者機関に紛争処理を委ねること。

ロ　イにより、職場における妊娠、出産等に関するハラスメントが生じた事実が確認で
　きた場合においては、速やかに被害を受けた労働者（以下「被害者」という。）に対
　する配慮のための措置を適正に行うこと。
　（措置を適正に行っていると認められる例）
　①　事案の内容や状況に応じ、被害者の職場環境の改善又は迅速な制度等の利用に向
　　けての環境整備、被害者と行為者の間の関係改善に向けての援助、行為者の謝罪、
　　管理監督者又は事業場内産業保健スタッフ等による被害者のメンタルヘルス不調へ
　　の相談対応等の措置を講ずること。
　②　法第18条に基づく調停その他中立な第三者機関の紛争解決案に従った措置を被
　　害者に対して講ずること。
ハ　イにより、職場における妊娠、出産等に関するハラスメントが生じた事実が確認で
　きた場合においては、行為者に対する措置を適正に行うこと。
　（措置を適正に行っていると認められる例）
　①　就業規則その他の職場における服務規律等を定めた文書における職場における妊
　　娠、出産等に関するハラスメントに関する規定等に基づき、行為者に対して必要な
　　懲戒その他の措置を講ずること。あわせて、事案の内容や状況に応じ、被害者と行
　　為者の間の関係改善に向けての援助、行為者の謝罪等の措置を講ずること。
　②　法第18条に基づく調停その他中立な第三者機関の紛争解決案に従った措置を行
　　為者に対して講ずること。
ニ　改めて職場における妊娠、出産等に関するハラスメントに関する方針を周知・啓発
　する等の再発防止に向けた措置を講ずること。
　　なお、職場における妊娠、出産等に関するハラスメントが生じた事実が確認できな
　かった場合においても、同様の措置を講ずること。
　（再発防止に向けた措置を講じていると認められる例）
　①　事業主の方針、制度等の利用ができる旨及び職場における妊娠、出産等に関する
　　ハラスメントに係る言動を行った者について厳正に対処する旨の方針を、社内報、
　　パンフレット、社内ホームページ等広報又は啓発のための資料等に改めて掲載し、
　　配布等すること。
　②　労働者に対して職場における妊娠、出産等に関するハラスメントに関する意識を
　　啓発するための研修、講習等を改めて実施すること。
(4)　職場における妊娠、出産等に関するハラスメントの原因や背景となる要因を解消する
　ための措置
　　事業主は、職場における妊娠、出産等に関するハラスメントの原因や背景となる要因
　を解消するため、業務体制の整備など、事業主や妊娠等した労働者その他の労働者の実
　情に応じ、必要な措置を講じなければならない（派遣労働者にあっては、派遣元事業主
　に限る。）。
　　なお、措置を講ずるに当たっては、

(i) 職場における妊娠、出産等に関するハラスメントの背景には妊娠、出産等に関する否定的な言動もあるが、当該言動の要因の一つには、妊娠した労働者がつわりなどの体調不良のため労務の提供ができないことや労働能率が低下すること等により、周囲の労働者の業務負担が増大することもあることから、周囲の労働者の業務負担等にも配慮すること

(ii) 妊娠等した労働者の側においても、制度等の利用ができるという知識を持つことや、周囲と円滑なコミュニケーションを図りながら自身の体調等に応じて適切に業務を遂行していくという意識を持つこと

のいずれも重要であることに留意することが必要である。（5(2)において同じ。）。

（業務体制の整備など、必要な措置を講じていると認められる例）

① 妊娠等した労働者の周囲の労働者への業務の偏りを軽減するよう、適切に業務分担の見直しを行うこと。

② 業務の点検を行い、業務の効率化等を行うこと。

(5) (1)から(4)までの措置と併せて講ずべき措置

(1)から(4)までの措置を講ずるに際しては、併せて次の措置を講じなければならない。

イ 職場における妊娠、出産等に関するハラスメントに係る相談者・行為者等の情報は当該相談者・行為者等のプライバシーに属するものであることから、相談への対応又は当該妊娠、出産等に関するハラスメントに係る事後の対応に当たっては、相談者・行為者等のプライバシーを保護するために必要な措置を講ずるとともに、その旨を労働者に対して周知すること。

（相談者・行為者等のプライバシーを保護するために必要な措置を講じていると認められる例）

① 相談者・行為者等のプライバシーの保護のために必要な事項をあらかじめマニュアルに定め、相談窓口の担当者が相談を受けた際には、当該マニュアルに基づき対応するものとすること。

② 相談者・行為者等のプライバシーの保護のために、相談窓口の担当者に必要な研修を行うこと。

③ 相談窓口においては相談者・行為者等のプライバシーを保護するために必要な措置を講じていることを、社内報、パンフレット、社内ホームページ等広報又は啓発のための資料等に掲載し、配布等すること。

ロ 法第11条の3第2項、第17条第2項及び第18条第2項の規定を踏まえ、労働者が職場における妊娠、出産等に関するハラスメントに関し相談をしたこと若しくは事実関係の確認等の事業主の雇用管理上講ずべき措置に協力したこと、都道府県労働局に対して相談、紛争解決の援助の求め若しくは調停の申請を行ったこと又は調停の出頭の求めに応じたこと（以下「妊娠・出産等に関するハラスメントの相談等」という。）を理由として、解雇その他不利益な取扱いをされない旨を定め、労働者に周知・啓発すること。

（不利益な取扱いされない旨を定め、労働者にその周知・啓発することについて措置を講じていると認められる例）

① 就業規則その他の職場における服務規律等を定めた文書において、妊娠・出産等に関するハラスメントの相談等を理由として、当該労働者が解雇等の不利益な取扱いをされない旨を規定し、労働者に周知・啓発をすること。

② 社内報、パンフレット、社内ホームページ等広報又は啓発のための資料等に、妊娠・出産等に関するハラスメントの相談等を理由として、当該労働者が解雇等の不利益な取扱いをされない旨を記載し、労働者に配布等すること。

5 事業主が職場における妊娠、出産等に関する言動に起因する問題に関し行うことが望ましい取組の内容

事業主は、職場における妊娠・出産等に関するハラスメントを防止するため、4の措置に加え、次の取組を行うことが望ましい。

(1) 職場における妊娠、出産等に関するハラスメントは、育児休業等に関するハラスメント（子の養育又は家族の介護を行い、又は行うこととなる労働者の職業生活と家庭生活との両立が図られるようにするために事業主が講ずべき措置等に関する指針（平成21年厚生労働省告示第509号）に規定する「職場における育児休業等に関するハラスメント」をいう。）、セクシュアルハラスメント（事業主が職場における性的な言動に起因する問題に関して雇用管理上講ずべき措置等についての指針（平成18年厚生労働省告示第615号）に規定する「職場におけるセクシュアルハラスメント」をいう。以下同じ。）、パワーハラスメント（事業主が職場における優越的な関係を背景とした言動に起因する問題に関して雇用管理上講ずべき措置等についての指針（令和2年厚生労働省告示第5号）に規定する「職場におけるパワーハラスメント」をいう。）その他のハラスメントと複合的に生じることも想定されることから、事業主は、例えば、セクシュアルハラスメント等の相談窓口と一体的に、職場における妊娠、出産等に関するハラスメントの相談窓口を設置し、一元的に相談に応じることのできる体制を整備することが望ましい。

（一元的に相談に応じることのできる体制の例）

① 相談窓口で受け付けることのできる相談として、職場における妊娠、出産等に関するハラスメントのみならず、セクシュアルハラスメント等も明示すること。

② 職場における妊娠、出産等に関するハラスメントの相談窓口がセクシュアルハラスメント等の相談窓口を兼ねること。

(2) 事業主は、職場における妊娠、出産等に関するハラスメントの原因や背景となる要因を解消するため、妊娠等した労働者の側においても、制度等の利用ができるという知識を持つことや、周囲と円滑なコミュニケーションを図りながら自身の体調等に応じて適切に業務を遂行していくという意識を持つこと等を、妊娠等した労働者に周知・啓発することが望ましい。

（妊娠等した労働者への周知・啓発の例）

① 社内報、パンフレット、社内ホームページ等広報又は啓発のための資料等に、妊娠等した労働者の側においても、制度等の利用ができるという知識を持つことや、周囲と円滑なコミュニケーションを図りながら自身の体調等に応じて適切に業務を遂行していくという意識を持つこと等について記載し、妊娠等した労働者に配布等すること。

② 妊娠等した労働者の側においても、制度等の利用ができるという知識を持つことや、周囲と円滑なコミュニケーションを図りながら自身の体調等に応じて適切に業務を遂行していくという意識を持つこと等について、人事部門等から妊娠等した労働者に周知・啓発すること。

(3) 事業主は、4の措置を講じる際に、必要に応じて、労働者や労働組合等の参画を得つつ、アンケート調査や意見交換等を実施するなどにより、その運用状況の的確な把握や必要な見直しの検討等に努めることが重要である。なお、労働者や労働組合等の参画を得る方法として、例えば、労働安全衛生法（昭和47年法律第57号）第18条第1項に規定する衛生委員会の活用なども考えられる。

6 事業主が自らの雇用する労働者以外の者に対する言動に関し行うことが望ましい取組の内容

3の事業主及び労働者の責務の趣旨に鑑みれば、事業主は、当該事業主が雇用する労働者が、他の労働者（他の事業主が雇用する労働者及び求職者を含む。）のみならず、個人事業主、インターンシップを行っている者等の労働者以外の者に対する言動についても必要な注意を払うよう配慮するとともに、事業主（その者が法人である場合にあっては、その役員）自らと労働者も、労働者以外の者に対する言動について必要な注意を払うよう努めることが望ましい。

こうした責務の趣旨も踏まえ、事業主は、4(1)イの職場における妊娠、出産等に関するハラスメントを行ってはならない旨の方針の明確化等を行う際に、当該事業主が雇用する労働者以外の者（他の事業主が雇用する労働者、就職活動中の学生等の求職者及び労働者以外の者）に対する言動についても、同様の方針を併せて示すことが望ましい。

また、これらの者から職場における妊娠、出産等に関するハラスメントに類すると考えられる相談があった場合には、その内容を踏まえて、4の措置も参考にしつつ、必要に応じて適切な対応を行うように努めることが望ましい。

育児休業、介護休業等育児又は家族介護を行う労働者の福祉に関する法律（抄）

（平成3年法律第76号）

第2章　育児休業

（育児休業の申出）

第5条　労働者は、その養育する1歳に満たない子について、その事業主に申し出ることにより、育児休業をすることができる。ただし、期間を定めて雇用される者にあっては、次の各号のいずれにも該当するものに限り、当該申出をすることができる。

　一　当該事業主に引き続き雇用された期間が1年以上である者

　二　その養育する子が1歳6か月に達する日までに、その労働契約（労働契約が更新される場合にあっては、更新後のもの）が満了することが明らかでない者

2〜7　（略）

（不利益取扱いの禁止）

第10条　事業主は、労働者が育児休業申出をし、又は育児休業をしたことを理由として、当該労働者に対して解雇その他不利益な取扱いをしてはならない。

第3章　介護休業

（介護休業の申出）

第11条　労働者は、その事業主に申し出ることにより、介護休業をすることができる。ただし、期間を定めて雇用される者にあっては、次の各号のいずれにも該当するものに限り、当該申出をすることができる。

　一　当該事業主に引き続き雇用された期間が1年以上である者

　二　第3項に規定する介護休業開始予定日から起算して93日を経過する日から6月を経過する日までに、その労働契約（労働契約が更新される場合にあっては、更新後のもの）が満了することが明らかでない者

2〜4　（略）

（準用）

第16条　第10条の規定は、介護休業申出及び介護休業について準用する。

第4章　子の看護休暇

（子の看護休暇の申出）

第16条の2　小学校就学の始期に達するまでの子を養育する労働者は、その事業主に申し出ることにより、一の年度において5労働日（その養育する小学校就学の始期に達するまでの子が2人以上の場合にあっては、10労働日）を限度として、負傷し、若しくは疾病にかかった当該子の世話又は疾病の予防を図るために必要なものとして厚生労働省令で定める当該子の世話を行うための休暇（以下「子の看護休暇」という。）を取得することができる。

2〜4　（略）

（準用）

第16条の4　第10条の規定は、第16条の2第1項の規定による申出及び子の看護休暇に

ついて準用する。

第5章　介護休暇
（介護休暇の申出）
第16条の5　要介護状態にある対象家族の介護その他の厚生労働省令で定める世話を行う労働者は、その事業主に申し出ることにより、一の年度において5労働日（要介護状態にある対象家族が2人以上の場合にあっては、10労働日）を限度として、当該世話を行うための休暇（以下「介護休暇」という。）を取得することができる。
2〜4　（略）
（準用）
第16条の7　第10条の規定は、第16条の5第1項の規定による申出及び介護休暇について準用する。

第6章　所定外労働の制限
第16条の8　事業主は、3歳に満たない子を養育する労働者であって、当該事業主と当該労働者が雇用される事業所の労働者の過半数で組織する労働組合があるときはその労働組合、その事業所の労働者の過半数で組織する労働組合がないときはその労働者の過半数を代表する者との書面による協定で、次に掲げる労働者のうちこの項本文の規定による請求をできないものとして定められた労働者に該当しない労働者が当該子を養育するために請求した場合においては、所定労働時間を超えて労働させてはならない。ただし、事業の正常な運営を妨げる場合は、この限りでない。
一　当該事業主に引き続き雇用された期間が1年に満たない労働者
二　前号に掲げるもののほか、当該請求をできないこととすることについて合理的な理由があると認められる労働者として厚生労働省令で定めるもの
2〜5　（略）
第16条の10　事業主は、労働者が第16条の8第1項（前条第1項において準用する場合を含む。以下この条において同じ。）の規定による請求をし、又は第16条の8第1項の規定により当該事業主が当該請求をした労働者について所定労働時間を超えて労働させてはならない場合に当該労働者が所定労働時間を超えて労働しなかったことを理由として、当該労働者に対して解雇その他不利益な取扱いをしてはならない。

第7章　時間外労働の制限
第17条　事業主は、労働基準法第36条第1項本文の規定により同項に規定する労働時間（以下この条において単に「労働時間」という。）を延長することができる場合において、小学校就学の始期に達するまでの子を養育する労働者であって次の各号のいずれにも該当しないものが当該子を養育するために請求したときは、制限時間（1月について24時間、1年について150時間をいう。次項及び第18条の2において同じ。）を超えて労

働時間を延長してはならない。ただし、事業の正常な運営を妨げる場合は、この限りでない。

一　当該事業主に引き続き雇用された期間が１年に満たない労働者

二　前号に掲げるもののほか、当該請求をできないこととすることについて合理的な理由があると認められる労働者として厚生労働省令で定めるもの

2 ～ 5　（略）

第18条の2　事業主は、労働者が第17条第１項（前条第１項において準用する場合を含む。以下この条において同じ。）の規定による請求をし、又は第17条第１項の規定により当該事業主が当該請求をした労働者について制限時間を超えて労働時間を延長してはならない場合に当該労働者が制限時間を超えて労働しなかったことを理由として、当該労働者に対して解雇その他不利益な取扱いをしてはならない。

第8章　深夜業の制限

第19条　事業主は、小学校就学の始期に達するまでの子を養育する労働者であって次の各号のいずれにも該当しないものが当該子を養育するために請求した場合においては、午後10時から午前５時までの間（以下この条及び第20条の２において「深夜」という。）において労働させてはならない。ただし、事業の正常な運営を妨げる場合は、この限りでない。

一　当該事業主に引き続き雇用された期間が１年に満たない労働者

二　当該請求に係る深夜において、常態として当該子を保育することができる当該子の同居の家族その他の厚生労働省令で定める者がいる場合における当該労働者

三　前２号に掲げるもののほか、当該請求をできないこととすることについて合理的な理由があると認められる労働者として厚生労働省令で定めるもの

2 ～ 5　（略）

第20条の2　事業主は、労働者が第19条第１項（前条第１項において準用する場合を含む。以下この条において同じ。）の規定による請求をし、又は第19条第１項の規定により当該事業主が当該請求をした労働者について深夜において労働させてはならない場合に当該労働者が深夜において労働しなかったことを理由として、当該労働者に対して解雇その他不利益な取扱いをしてはならない。

第9章　事業主が講ずべき措置
（所定労働時間の短縮措置等）

第23条　事業主は、その雇用する労働者のうち、その３歳に満たない子を養育する労働者であって育児休業をしていないもの（１日の所定労働時間が短い労働者として厚生労働省令で定めるものを除く。）に関して、厚生労働省令で定めるところにより、労働者の申出に基づき所定労働時間を短縮することにより当該労働者が就業しつつ当該子を養育することを容易にするための措置（以下この条及び第24条第１項第３号において「育

児のための所定労働時間の短縮措置」という。）を講じなければならない。ただし、当該事業主と当該労働者が雇用される事業所の労働者の過半数で組織する労働組合があるときはその労働組合、その事業所の労働者の過半数で組織する労働組合がないときはその労働者の過半数を代表する者との書面による協定で、次に掲げる労働者のうち育児のための所定労働時間の短縮措置を講じないものとして定められた労働者に該当する労働者については、この限りでない。

一　当該事業主に引き続き雇用された期間が1年に満たない労働者

二　前号に掲げるもののほか、育児のための所定労働時間の短縮措置を講じないこととすることについて合理的な理由があると認められる労働者として厚生労働省令で定めるもの

三　前2号に掲げるもののほか、業務の性質又は業務の実施体制に照らして、育児のための所定労働時間の短縮措置を講ずることが困難と認められる業務に従事する労働者

2　事業主は、その雇用する労働者のうち、前項ただし書の規定により同項第3号に掲げる労働者であってその3歳に満たない子を養育するものについて育児のための所定労働時間の短縮措置を講じないこととするときは、当該労働者に関して、厚生労働省令で定めるところにより、労働者の申出に基づく育児休業に関する制度に準ずる措置又は労働基準法第32条の3の規定により労働させることその他の当該労働者が就業しつつ当該子を養育することを容易にするための措置（第24条第1項において「始業時刻変更等の措置」という。）を講じなければならない。

3　事業主は、その雇用する労働者のうち、その要介護状態にある対象家族を介護する労働者であって介護休業をしていないものに関して、厚生労働省令で定めるところにより、労働者の申出に基づく連続する3年の期間以上の期間における所定労働時間の短縮その他の当該労働者が就業しつつその要介護状態にある対象家族を介護することを容易にするための措置（以下この条及び第24条第2項において「介護のための所定労働時間の短縮等の措置」という。）を講じなければならない。ただし、当該事業主と当該労働者が雇用される事業所の労働者の過半数で組織する労働組合があるときはその労働組合、その事業所の労働者の過半数で組織する労働組合がないときはその労働者の過半数を代表する者との書面による協定で、次に掲げる労働者のうち介護のための所定労働時間の短縮等の措置を講じないものとして定められた労働者に該当する労働者については、この限りでない。

一　当該事業主に引き続き雇用された期間が1年に満たない労働者

二　前号に掲げるもののほか、介護のための所定労働時間の短縮等の措置を講じないこととすることについて合理的な理由があると認められる労働者として厚生労働省令で定めるもの

4　略

第23条の2　事業主は、労働者が前条の規定による申出をし、又は同条の規定により当該労働者に措置が講じられたことを理由として、当該労働者に対して解雇その他不利益

な取扱いをしてはならない。

(職場における育児休業等に関する言動に起因する問題に関する雇用管理上の措置等)

第25条 事業主は、職場において行われるその雇用する労働者に対する育児休業、介護休業その他の子の養育又は家族の介護に関する厚生労働省令で定める制度又は措置の利用に関する言動により当該労働者の就業環境が害されることのないよう、当該労働者からの相談に応じ、適切に対応するために必要な体制の整備その他の雇用管理上必要な措置を講じなければならない。

2 事業主は、労働者が前項の相談を行ったこと又は事業主による当該相談への対応に協力した際に事実を述べたことを理由として、当該労働者に対して解雇その他不利益な取扱いをしてはならない。

(職場における育児休業等に関する言動に起因する問題に関する国、事業主及び労働者の責務)

第25条の2 国は、労働者の就業環境を害する前条第1項に規定する言動を行ってはならないことその他当該言動に起因する問題（以下この条において「育児休業等関係言動問題」という。）に対する事業主その他国民一般の関心と理解を深めるため、広報活動、啓発活動その他の措置を講ずるように努めなければならない。

2 事業主は、育児休業等関係言動問題に対するその雇用する労働者の関心と理解を深めるとともに、当該労働者が他の労働者に対する言動に必要な注意を払うよう、研修の実施その他の必要な配慮をするほか、国の講ずる前項の措置に協力するように努めなければならない。

3 事業主（その者が法人である場合にあっては、その役員）は、自らも、育児休業等関係言動問題に対する関心と理解を深め、労働者に対する言動に必要な注意を払うように努めなければならない。

4 労働者は、育児休業等関係言動問題に対する関心と理解を深め、他の労働者に対する言動に必要な注意を払うとともに、事業主の講ずる前条第1項の措置に協力するように努めなければならない。

第11章　紛争の解決
第1節　紛争の解決の援助等
(苦情の自主的解決)

第52条の2 事業主は、第2章から第8章まで、第23条、第23条の2及び第26条に定める事項に関し、労働者から苦情の申出を受けたときは、苦情処理機関（事業主を代表する者及び当該事業所の労働者を代表する者を構成員とする当該事業所の労働者の苦情を処理するための機関をいう。）に対し当該苦情の処理をゆだねる等その自主的な解決を図るように努めなければならない。

(紛争の解決の促進に関する特例)

第52条の3 第25条に定める事項及び前条の事項についての労働者と事業主との間の紛

争については、個別労働関係紛争の解決の促進に関する法律（平成13年法律第112号）第4条、第5条及び第12条から第19条までの規定は適用せず、次条から第52条の6までに定めるところによる。

（紛争の解決の援助）

第52条の4　都道府県労働局長は、前条に規定する紛争に関し、当該紛争の当事者の双方又は一方からその解決につき援助を求められた場合には、当該紛争の当事者に対し、必要な助言、指導又は勧告をすることができる。

2　第25条第2項の規定は、労働者が前項の援助を求めた場合について準用する。

（調停の委任）

第52条の5　都道府県労働局長は、第52条の3に規定する紛争について、当該紛争の当事者の双方又は一方から調停の申請があった場合において当該紛争の解決のために必要があると認めるときは、個別労働関係紛争の解決の促進に関する法律第6条第1項の紛争調整委員会に調停を行わせるものとする。

2　第25条第2項の規定は、労働者が前項の申請をした場合について準用する。

（調停）

第52条の6　雇用の分野における男女の均等な機会及び待遇の確保等に関する法律（昭和47年法律第113号）第19条から第26条までの規定は、前条第1項の調停の手続について準用する。この場合において、同法第19条第1項中「前条第1項」とあるのは「育児休業、介護休業等育児又は家族介護を行う労働者の福祉に関する法律第52条の5第1項」と、同法第20条中「事業場」とあるのは「事業所」と、同法第25条第1項中「第18条第1項」とあるのは「育児休業、介護休業等育児又は家族介護を行う労働者の福祉に関する法律第52条の3」と読み替えるものとする。

第12章　雑則

（報告の徴収並びに助言、指導及び勧告）

第56条　厚生労働大臣は、この法律の施行に関し必要があると認めるときは、事業主に対して、報告を求め、又は助言、指導若しくは勧告をすることができる。

（公表）

第56条の2　厚生労働大臣は、第6条第1項（第12条第2項、第16条の3第2項及び第16条の6第2項において準用する場合を含む。）、第10条（第16条、第16条の4及び第16条の7において準用する場合を含む。）、第12条第1項、第16条の3第1項、第16条の6第1項、第16条の8第1項（第16条の9第1項において準用する場合を含む。）、第16条の10、第17条第1項（第18条第1項において準用する場合を含む。）、第18条の2、第19条第1項（第20条第1項において準用する場合を含む。）、第20条の2、第23条第1項から第3項まで、第23条の2、第25条第1項若しくは第2項（第52条の4第2項及び第52条の5第2項において準用する場合を含む。）又は第26条の規定に違反している事業主に対し、前条の規定による勧告をした場合において、その勧告を受けた

者がこれに従わなかったときは、その旨を公表することができる。

第13章　罰則

第66条　第56条の規定による報告をせず、又は虚偽の報告をした者は、20万円以下の過
　　料に処する。

子の養育又は家族介護を行い、又は行うこととなる労働者の職業生活と家庭生活との両立が図られるようにするために事業主が講ずべき措置等に関する指針（抄）

（平成21年厚生労働省告示第509号）
最終改正：令和2年厚生労働省告示第6号

第1　（略）

第2　事業主が講ずべき措置等の適切かつ有効な実施を図るための指針となるべき事項

1〜13　（略）

14　法第25条の規定により、事業主が職場における育児休業等に関する言動に起因する問題に関して雇用管理上必要な措置等を講ずるに当たっての事項

　　法第25条に規定する事業主が職場において行われるその雇用する労働者に対する育児休業、介護休業その他の育児休業、介護休業等育児又は家族介護を行う労働者の福祉に関する法律施行規則（以下「則」という。）第76条で定める制度又は措置（以下「制度等」という。）の利用に関する言動により当該労働者の就業環境が害されること（以下「職場における育児休業等に関するハラスメント」という。）のないよう雇用管理上講ずべき措置等について、事業主が適切かつ有効な実施を図るために必要な事項については、次のとおりであること。

(1)　職場における育児休業等に関するハラスメントの内容

イ　職場における育児休業等に関するハラスメントには、上司又は同僚から行われる、その雇用する労働者に対する制度等の利用に関する言動により就業環境が害されるものがあること。なお、業務分担や安全配慮等の観点から、客観的にみて、業務上の必要性に基づく言動によるものについては、職場における育児休業等に関するハラスメントには該当しないこと。

ロ　「職場」とは、事業主が雇用する労働者が業務を遂行する場所を指し、当該労働者が通常就業している場所以外の場所であっても、当該労働者が業務を遂行する場所については、「職場」に含まれること。

ハ　「労働者」とは、いわゆる正規雇用労働者のみならず、パートタイム労働者、契約社員等のいわゆる非正規雇用労働者を含む事業主が雇用する男女の労働者の全てをいうこと。

　　また、派遣労働者については、派遣元事業主のみならず、労働者派遣の役務の提供を受ける者についても、労働者派遣事業の適正な運営の確保及び派遣労働者の保護等に関する法律（昭和60年法律第88号）第47条の3の規定により、その指揮命令の下に労働させる派遣労働者を雇用する事業主とみなされ、法第25条及び第25条の2第2項の規定が適用されることから、労働者派遣の役務の提供を受ける者は、派遣労働者についてもその雇用する労働者と同様に、(2)イの配慮及び(3)の措置を講ずることが必要であること。なお、法第25条第2項、第52条の4第2項及び第52条の5第2項の労働者に対する不利益な取扱いの禁止については、派遣労働者も対象に含まれるものであり、派遣元事業主のみならず、労働者派遣の役務の提供を受ける者もまた、当該者に派遣労働者が職場における育児休業等に関するハラスメントの相談を行ったこ

と等を理由として、当該派遣労働者に係る労働者派遣の役務の提供を拒む等、当該派遣労働者に対する不利益な取扱いを行ってはならないこと。

ニ　イに規定する「その雇用する労働者に対する制度等の利用に関する言動により就業環境が害されるもの」とは、具体的には(イ)①から⑩までに掲げる制度等の利用に関する言動により就業環境が害されるものであること。典型的な例として、(ロ)に掲げるものがあるが、(ロ)に掲げるものは限定列挙ではないことに留意が必要であること。

(イ)　制度等

① 育児休業（則第76条第1号関係）

② 介護休業（則第76条第2号関係）

③ 子の看護休暇（則第76条第3号関係）

④ 介護休暇（則第76条第4号関係）

⑤ 所定外労働の制限（則第76条第5号関係）

⑥ 時間外労働の制限（則第76条第6号関係）

⑦ 深夜業の制限（則第76条第7号関係）

⑧ 育児のための所定労働時間の短縮措置（則第76条第8号関係）

⑨ 始業時刻変更等の措置（則第76条第9号関係）

⑩ 介護のための所定労働時間の短縮措置（則第76条第10号関係）

(ロ)　典型的な例

① 解雇その他不利益な取扱い（法第10条（法第16条、第16条の4及び第16条の7において準用する場合を含む。）、第16条の10、第18条の2、第20条の2及び第23条の2に規定する解雇その他不利益な取扱いをいう。以下同じ。）を示唆するもの

労働者が、制度等の利用の申出等をしたい旨を上司に相談したこと、制度等の利用の申出等をしたこと又は制度等の利用をしたことにより、上司が当該労働者に対し、解雇その他不利益な取扱いを示唆すること。

② 制度等の利用の申出等又は制度等の利用を阻害するもの

客観的にみて、言動を受けた労働者の制度等の利用の申出等又は制度等の利用が阻害されるものが該当すること。ただし、労働者の事情やキャリアを考慮して、早期の職場復帰を促すことは制度等の利用が阻害されるものに該当しないこと

(1) 労働者が制度等の利用の申出等をしたい旨を上司に相談したところ、上司が当該労働者に対し、当該申出等をしないよう言うこと。

(2) 労働者が制度等の利用の申出等をしたところ、上司が当該労働者に対し、当該申出等を取り下げるよう言うこと。

(3) 労働者が制度等の利用の申出等をしたい旨を同僚に伝えたところ、同僚が当該労働者に対し、繰り返し又は継続的に当該申出等をしないよう言うこと（当該労働者がその意に反することを当該同僚に明示しているにもかかわらず、更に言うことを含む。）。

(4) 労働者が制度等の利用の申出等をしたところ、同僚が当該労働者に対し、繰り返し又は継続的に当該申出等を撤回又は取下げをするよう言うこと（当該労働者がその意に反することを当該同僚に明示しているにもかかわらず、更に言うことを含む。）。

③ 制度等の利用をしたことにより嫌がらせ等をするもの

客観的にみて、言動を受けた労働者の能力の発揮や継続就業に重大な悪影響が生じる等当該労働者が就業する上で看過できない程度の支障が生じるようなものが該当すること。

労働者が制度等の利用をしたことにより、上司又は同僚が当該労働者に対し、繰り返し又は継続的に嫌がらせ等（嫌がらせ的な言動、業務に従事させないこと又は専ら雑務に従事させることをいう。以下同じ。）をすること（当該労働者がその意に反することを当該上司又は同僚に明示しているにもかかわらず、更に言うことを含む。）。

(2) 事業主等の責務

イ 事業主の責務

法第25条の2第2項の規定により、事業主は、職場における育児休業等に関するハラスメントを行ってはならないことその他職場における育児休業等に関するハラスメントに起因する問題（以下「育児休業等に関するハラスメント問題」という。）に対するその雇用する労働者の関心と理解を深めるとともに、当該労働者が他の労働者（他の事業主が雇用する労働者及び求職者を含む。ロにおいて同じ。）に対する言動に必要な注意を払うよう、研修の実施その他の必要な配慮をするほか、国の講ずる同条第1項の広報活動、啓発活動その他の措置に協力するように努めなければならない。なお、職場における育児休業等に関するハラスメントに起因する問題としては、例えば、労働者の意欲の低下などによる職場環境の悪化や職場全体の生産性の低下、労働者の健康状態の悪化、休職や退職などにつながり得ること、これらに伴う経営的な損失等が考えられること。

また、事業主（その者が法人である場合にあっては、その役員）は、自らも、育児休業等に関するハラスメント問題に対する関心と理解を深め、労働者（他の事業主が雇用する労働者及び求職者を含む。）に対する言動に必要な注意を払うように努めなければならないこと。

ロ 労働者の責務

法第25条の2第4項の規定により、労働者は、育児休業等に関するハラスメント問題に対する関心と理解を深め、他の労働者に対する言動に必要な注意を払うとともに、事業主の講ずる(3)の措置に協力するように努めなければならないこと。

(3) 事業主が職場における育児休業等に関する言動に起因する問題に関し雇用管理上講ずべき措置の内容

事業主は、職場における育児休業等に関するハラスメントを防止するため、雇用管理

上次の措置を講じなければならないこと。なお、事業主が行う育児休業等を理由とする不利益取扱い（就業環境を害する行為を含む。）については、既に法第10条（法第16条、第16条の4及び第16条の7において準用する場合を含む。）、第16条の10、第18条の2、第20条の2及び第23条の2で禁止されており、こうした不利益取扱いを行わないため、当然に自らの行為の防止に努めることが求められること。

イ　事業主の方針等の明確化及びその周知・啓発

　　事業主は、職場における育児休業等に関するハラスメントに対する方針の明確化、労働者に対するその方針の周知・啓発として、次の措置を講じなければならないこと。

　　なお、周知・啓発をするに当たっては、職場における育児休業等に関するハラスメントの防止の効果を高めるため、その発生の原因や背景について労働者の理解を深めることが重要であること。その際、職場における育児休業等に関するハラスメントの発生の原因や背景には、(i)育児休業等に関する否定的な言動（他の労働者の制度等の利用の否定につながる言動（当該労働者に直接行わない言動も含む。）をいい、単なる自らの意思の表明を除く。以下同じ。）が頻繁に行われるなど制度等の利用又は制度等の利用の申出等をしにくい職場風土や、(ii)制度等の利用ができることの職場における周知が不十分であることなどもあると考えられること。そのため、これらを解消していくことが職場における育児休業等に関するハラスメントの防止の効果を高める上で重要であることに留意することが必要であること。

(イ)　職場における育児休業等に関するハラスメントの内容（以下「ハラスメントの内容」という。）及び育児休業等に関する否定的な言動が職場における育児休業等に関するハラスメントの発生の原因や背景になり得ること（以下「ハラスメントの背景等」という。）、職場における育児休業等に関するハラスメントを行ってはならない旨の方針（以下「事業主の方針」という。）並びに制度等の利用ができる旨を明確化し、管理監督者を含む労働者に周知・啓発すること。

（事業主の方針等を明確化し、労働者に周知・啓発していると認められる例）

①　就業規則その他の職場における服務規律等を定めた文書において、事業主の方針及び制度等の利用ができる旨について規定し、当該規定とあわせて、ハラスメントの内容及びハラスメントの背景等を、労働者に周知・啓発すること。

②　社内報、パンフレット、社内ホームページ等広報又は啓発のための資料等にハラスメントの内容及びハラスメントの背景等、事業主の方針並びに制度等の利用ができる旨について記載し、配布等すること。

③　ハラスメントの内容及びハラスメントの背景等、事業主の方針並びに制度等の利用ができる旨を労働者に対して周知・啓発するための研修、講習等を実施すること。

(ロ)　職場における育児休業等に関するハラスメントに係る言動を行った者については、厳正に対処する旨の方針及び対処の内容を就業規則その他の職場における服務規律等を定めた文書に規定し、管理監督者を含む労働者に周知・啓発すること。

（対処方針を定め、労働者に周知・啓発していると認められる例）
①　就業規則その他の職場における服務規律等を定めた文書において、職場における育児休業等に関するハラスメントに係る言動を行った者に対する懲戒規定を定め、その内容を労働者に周知・啓発すること。
②　職場における育児休業等に関するハラスメントに係る言動を行った者は、現行の就業規則その他の職場における服務規律等を定めた文書において定められている懲戒規定の適用の対象となる旨を明確化し、これを労働者に周知・啓発すること。
ロ　相談（苦情を含む。以下同じ。）に応じ、適切に対応するために必要な体制の整備
事業主は、労働者からの相談に対し、その内容や状況に応じ適切かつ柔軟に対応するために必要な体制の整備として、次の措置を講じなければならない。
（イ）　相談への対応のための窓口（以下「相談窓口」という。）をあらかじめ定め、労働者に周知すること。
（相談窓口をあらかじめ定めていると認められる例）
①　相談に対応する担当者をあらかじめ定めること。
②　相談に対応するための制度を設けること。
③　外部の機関に相談への対応を委託すること。
（ロ）　（イ）の相談窓口の担当者が、相談に対し、その内容や状況に応じ適切に対応できるようにすること。また、相談窓口においては、被害を受けた労働者が萎縮するなどして相談を躊躇する例もあること等も踏まえ、相談者の心身の状況や当該言動が行われた際の受け止めなどその認識にも配慮しながら、職場における育児休業等に関するハラスメントが現実に生じている場合だけでなく、その発生のおそれがある場合や、職場における育児休業等に関するハラスメントに該当するか否か微妙な場合等であっても、広く相談に対応し、適切な対応を行うようにすること。例えば、放置すれば就業環境を害するおそれがある場合や、職場における育児休業等に関する否定的な言動が原因や背景となって職場における育児休業等に関するハラスメントが生じるおそれがある場合等が考えられること。
（相談窓口の担当者が適切に対応することができるようにしていると認められる例）
①　相談窓口の担当者が相談を受けた場合、その内容や状況に応じて、相談窓口の担当者と人事部門とが連携を図ることができる仕組みとすること。
②　相談窓口の担当者が相談を受けた場合、あらかじめ作成した留意点などを記載したマニュアルに基づき対応すること。
③　相談窓口の担当者に対し、相談を受けた場合の対応についての研修を行うこと。
ハ　職場における育児休業等に関するハラスメントに係る事後の迅速かつ適切な対応
事業主は、職場における育児休業等に関するハラスメントに係る相談の申出があった場合において、その事案に係る事実関係の迅速かつ正確な確認及び適正な対処として、次の措置を講じなければならないこと。

(イ) 事案に係る事実関係を迅速かつ正確に確認すること。

（事案に係る事実関係を迅速かつ正確に確認していると認められる例）

① 相談窓口の担当者、人事部門又は専門の委員会等が、相談を行った労働者（以下「相談者」という。）及び職場における育児休業等に関するハラスメントに係る言動の行為者とされる者（以下「行為者」という。）の双方から事実関係を確認すること。その際、相談者の心身の状況や当該言動が行われた際の受け止めなどその認識にも適切に配慮すること。

また、相談者と行為者との間で事実関係に関する主張に不一致があり、事実の確認が十分にできないと認められる場合には、第三者からも事実関係を聴取する等の措置を講ずること。

② 事実関係を迅速かつ正確に確認しようとしたが、確認が困難な場合などにおいて、法第52条の5に基づく調停の申請を行うことその他中立な第三者機関に紛争処理を委ねること。

(ロ) (イ)により、職場における育児休業等に関するハラスメントが生じた事実が確認できた場合においては、速やかに被害を受けた労働者（以下「被害者」という。）に対する配慮のための措置を適正に行うこと。

（措置を適正に行っていると認められる例）

① 事案の内容や状況に応じ、被害者の職場環境の改善又は迅速な制度等の利用に向けての環境整備、被害者と行為者の間の関係改善に向けての援助、行為者の謝罪、管理・監督者又は事業場内産業保健スタッフ等による被害者のメンタルヘルス不調への相談対応等の措置を講ずること。

② 法第52条の5に基づく調停その他中立な第三者機関の紛争解決案に従った措置を被害者に対して講ずること。

(ハ) (イ)により、職場における育児休業等に関するハラスメントが生じた事実が確認できた場合においては、行為者に対する措置を適正に行うこと。

（措置を適正に行っていると認められる例）

① 就業規則その他の職場における服務規律等を定めた文書における職場における育児休業等に関するハラスメントに関する規定等に基づき、行為者に対して必要な懲戒その他の措置を講ずること。あわせて、事案の内容や状況に応じ、被害者と行為者の間の関係改善に向けての援助、行為者の謝罪等の措置を講ずること。

② 法第52条の5に基づく調停その他中立な第三者機関の紛争解決案に従った措置を行為者に対して講ずること。

(ニ) 改めて職場における育児休業等に関するハラスメントに関する方針を周知・啓発する等の再発防止に向けた措置を講ずること。

なお、職場における育児休業等に関するハラスメントが生じた事実が確認できなかった場合においても、同様の措置を講ずること。

（再発防止に向けた措置を講じていると認められる例）

① 事業主の方針、制度等の利用ができる旨及び職場における育児休業等に関するハラスメントに係る言動を行った者について厳正に対処する旨の方針を、社内報、パンフレット、社内ホームページ等広報又は啓発のための資料等に改めて掲載し、配布等すること。

② 労働者に対して職場における育児休業等に関するハラスメントに関する意識を啓発するための研修、講習等を改めて実施すること。

ニ 職場における育児休業等に関するハラスメントの原因や背景となる要因を解消するための措置

事業主は、職場における育児休業等に関するハラスメントの原因や背景となる要因を解消するため、業務体制の整備など、事業主や制度等の利用を行う労働者その他の労働者の実情に応じ、必要な措置を講じなければならないこと（派遣労働者にあっては、派遣元事業主に限る。）。

なお、措置を講ずるに当たっては、

(i) 職場における育児休業等に関するハラスメントの背景には育児休業等に関する否定的な言動もあるが、当該言動の要因の１つには、労働者が所定労働時間の短縮措置を利用することで短縮分の労務提供ができなくなること等により、周囲の労働者の業務負担が増大することもあることから、周囲の労働者の業務負担等にも配慮すること

(ii) 労働者の側においても、制度等の利用ができるという知識を持つことや周囲と円滑なコミュニケーションを図りながら自身の制度の利用状況等に応じて適切に業務を遂行していくという意識を持つこと

のいずれも重要であることに留意することが必要である（(4)ロにおいて同じ。）。

（業務体制の整備など、必要な措置を講じていると認められる例）

① 制度等の利用を行う労働者の周囲の労働者への業務の偏りを軽減するよう、適切に業務分担の見直しを行うこと。

② 業務の点検を行い、業務の効率化等を行うこと。

ホ イからニまでの措置と併せて講ずべき措置

イからニまでの措置を講ずるに際しては、併せて次の措置を講じなければならないこと。

(イ) 職場における育児休業等に関するハラスメントに係る相談者・行為者等の情報は当該相談者・行為者等のプライバシーに属するものであることから、相談への対応又は当該育児休業等に関するハラスメントに係る事後の対応に当たっては、相談者・行為者等のプライバシーを保護するために必要な措置を講ずるとともに、その旨を労働者に対して周知すること。

（相談者・行為者等のプライバシーを保護するために必要な措置を講じていると認められる例）

① 相談者・行為者等のプライバシーの保護のために必要な事項をあらかじめマ

ニュアルに定め、相談窓口の担当者が相談を受けた際には、当該マニュアルに基づき対応するものとすること。

② 相談者・行為者等のプライバシーの保護のために、相談窓口の担当者に必要な研修を行うこと。

③ 相談窓口においては相談者・行為者等のプライバシーを保護するために必要な措置を講じていることを、社内報、パンフレット、社内ホームページ等広報又は啓発のための資料等に掲載し、配布等すること。

（ロ）　法第25条第2項、第52条の4第2項及び第52条の5第2項の規定を踏まえ、労働者が職場における育児休業等に関するハラスメントに関し相談をしたこと若しくは事実関係の確認等の事業主の雇用管理上講ずべき措置に協力したこと、都道府県労働局に対して相談、紛争解決の援助の求め若しくは調停の申請を行ったこと又は調停の出頭の求めに応じたこと（以下「育児休業等に関するハラスメントの相談等」という。）を理由として、解雇その他不利益な取扱いをされない旨を定め、労働者に周知・啓発すること。

（不利益な取扱いをされない旨を定め、労働者にその周知・啓発することについて措置を講じていると認められる例）

① 就業規則その他の職場における服務規律等を定めた文書において、育児休業等に関するハラスメントの相談等を理由として、当該労働者が解雇等の不利益な取扱いをされない旨を規定し、労働者に周知・啓発をすること。

② 社内報、パンフレット、社内ホームページ等広報又は啓発のための資料等に、育児休業等に関するハラスメントの相談等を理由として、当該労働者が解雇等の不利益な取扱いをされない旨を記載し、労働者に配布等すること。

⑷　事業主が職場における育児休業等に関する言動に起因する問題に関し行うことが望ましい取組の内容

事業主は、職場における育児休業等に関するハラスメントを防止するため、⑶の措置に加え、次の取組を行うことが望ましいこと。

イ　職場における育児休業等に関するハラスメントは、妊娠、出産等に関するハラスメント（事業主が職場における妊娠、出産等に関する言動に起因する問題に関して雇用管理上講ずべき措置等についての指針（平成28年厚生労働省告示第312号）に規定する「職場における妊娠、出産等に関するハラスメント」をいう。）、セクシュアルハラスメント（事業主が職場における性的な言動に起因する問題に関して雇用管理上講ずべき措置等についての指針（平成18年厚生労働省告示第615号）に規定する「職場におけるセクシュアルハラスメント」をいう。以下同じ。）、パワーハラスメント（事業主が職場における優越的な関係を背景とした言動に起因する問題に関して雇用管理上講ずべき措置等についての指針（令和2年厚生労働省告示第5号）に規定する「職場におけるパワーハラスメント」をいう。）その他のハラスメントと複合的に生じることも想定されることから、事業主は、例えば、セクシュアルハラスメント等の相談

窓口と一体的に、職場における育児休業等に関するハラスメントの相談窓口を設置し、一元的に相談に応じることのできる体制を整備することが望ましいこと。

（一元的に相談に応じることのできる体制の例）

① 相談窓口で受け付けることのできる相談として、職場における育児休業等に関するハラスメントのみならず、セクシュアルハラスメント等も明示すること。

② 職場における育児休業等に関するハラスメントの相談窓口がセクシュアルハラスメント等の相談窓口を兼ねること。

ロ 事業主は、職場における育児休業等に関するハラスメントの原因や背景となる要因を解消するため、労働者の側においても、制度等の利用ができるという知識を持つことや、周囲と円滑なコミュニケーションを図りながら自身の制度の利用状況等に応じて適切に業務を遂行していくという意識を持つこと等を、制度等の利用の対象となる労働者に周知・啓発することが望ましいこと（派遣労働者にあっては、派遣元事業主に限る。）。

（制度等の利用の対象となる労働者への周知・啓発の例）

① 社内報、パンフレット、社内ホームページ等広報又は啓発のための資料等に、労働者の側においても、制度等の利用ができるという知識を持つことや、周囲と円滑なコミュニケーションを図りながら自身の制度の利用状況等に応じて適切に業務を遂行していくという意識を持つこと等について記載し、制度等の利用の対象となる労働者に配布等すること。

② 労働者の側においても、制度等の利用ができるという知識を持つことや、周囲と円滑なコミュニケーションを図りながら自身の制度の利用状況等に応じて適切に業務を遂行していくという意識を持つこと等について、人事部門等から制度等の利用の対象となる労働者に周知・啓発すること。

ハ 事業主は、(3)の措置を講じる際に、必要に応じて、労働者や労働組合等の参画を得つつ、アンケート調査や意見交換等を実施するなどにより、その運用状況の的確な把握や必要な見直しの検討等に努めることが重要であること。なお、労働者や労働組合等の参画を得る方法として、例えば、労働安全衛生法（昭和47年法律第57号）第18条第1項に規定する衛生委員会の活用なども考えられる。

15・16 （略）

労働施策の総合的な推進並びに労働者の雇用の安定及び職業生活の充実等に関する法律（抄）

（昭和41年法律第132号）

第8章　職場における優越的な関係を背景とした言動に起因する問題に関して事業主の講ずべき措置等

（雇用管理上の措置等）

第30条の2　事業主は、職場において行われる優越的な関係を背景とした言動であって、業務上必要かつ相当な範囲を超えたものによりその雇用する労働者の就業環境が害されることのないよう、当該労働者からの相談に応じ、適切に対応するために必要な体制の整備その他の雇用管理上必要な措置を講じなければならない。

2　事業主は、労働者が前項の相談を行ったこと又は事業主による当該相談への対応に協力した際に事実を述べたことを理由として、当該労働者に対して解雇その他不利益な取扱いをしてはならない。

3　厚生労働大臣は、前二項の規定に基づき事業主が講ずべき措置等に関して、その適切かつ有効な実施を図るために必要な指針（以下この条において「指針」という。）を定めるものとする。

4　厚生労働大臣は、指針を定めるに当たっては、あらかじめ、労働政策審議会の意見を聴くものとする。

5　厚生労働大臣は、指針を定めたときは、遅滞なく、これを公表するものとする。

6　前二項の規定は、指針の変更について準用する。

（国、事業主及び労働者の責務）

第30条の3　国は、労働者の就業環境を害する前条第1項に規定する言動を行ってはならないことその他当該言動に起因する問題（以下この条において「優越的言動問題」という。）に対する事業主その他国民一般の関心と理解を深めるため、広報活動、啓発活動その他の措置を講ずるように努めなければならない。

2　事業主は、優越的言動問題に対するその雇用する労働者の関心と理解を深めるとともに、当該労働者が他の労働者に対する言動に必要な注意を払うよう、研修の実施その他の必要な配慮をするほか、国の講ずる前項の措置に協力するように努めなければならない。

3　事業主（その者が法人である場合にあっては、その役員）は、自らも、優越的言動問題に対する関心と理解を深め、労働者に対する言動に必要な注意を払うように努めなければならない。

4　労働者は、優越的言動問題に対する関心と理解を深め、他の労働者に対する言動に必要な注意を払うとともに、事業主の講ずる前条第1項の措置に協力するように努めなければならない。

（紛争の解決の促進に関する特例）

第30条の4　第30条の2第1項及び第2項に定める事項についての労働者と事業主との間の紛争については、個別労働関係紛争の解決の促進に関する法律（平成13年法律第112号）第4条、第5条及び第12条から第19条までの規定は適用せず、次条から第30条の8までに定めるところによる。

（紛争の解決の援助）

第30条の5　都道府県労働局長は、前条に規定する紛争に関し、当該紛争の当事者の双方又は一方からその解決につき援助を求められた場合には、当該紛争の当事者に対し、必要な助言、指導又は勧告をすることができる。

2　第30条の2第2項の規定は、労働者が前項の援助を求めた場合について準用する。

（調停の委任）

第30条の6　都道府県労働局長は、第30条の4に規定する紛争について、当該紛争の当事者の双方又は一方から調停の申請があった場合において当該紛争の解決のために必要があると認めるときは、個別労働関係紛争の解決の促進に関する法律第6条第1項の紛争調整委員会に調停を行わせるものとする。

2　第30条の2第2項の規定は、労働者が前項の申請をした場合について準用する。

（調停）

第30条の7　雇用の分野における男女の均等な機会及び待遇の確保等に関する法律（昭和47年法律第113号）第19条から第26条までの規定は、前条第1項の調停の手続について準用する。この場合において、同法第19条第1項中「前条第1項」とあるのは「労働施策の総合的な推進並びに労働者の雇用の安定及び職業生活の充実等に関する法律（昭和41年法律第132号）第30条の6第1項」と、同法第20条中「事業場」とあるのは「事業所」と、同法第25条第1項中「第18条第1項」とあるのは「労働施策の総合的な推進並びに労働者の雇用の安定及び職業生活の充実等に関する法律第30条の4」と読み替えるものとする。

（厚生労働省令への委任）

第30条の8　前二条に定めるもののほか、調停の手続に関し必要な事項は、厚生労働省令で定める。

第10章　雑則

（助言、指導及び勧告並びに公表）

第33条　厚生労働大臣は、この法律の施行に関し必要があると認めるときは、事業主に対して、助言、指導又は勧告をすることができる。

2　厚生労働大臣は、第30条の2第1項及び第2項（第30条の5第2項及び第30条の6第2項において準用する場合を含む。第35条及び第36条第1項において同じ。）の規定に違反している事業主に対し、前項の規定による勧告をした場合において、その勧告を受けた者がこれに従わなかったときは、その旨を公表することができる。

（資料の提出の要求等）

第35条　厚生労働大臣は、この法律（第27条第1項、第28条第1項並びに第30条の2第1項及び第2項を除く。）を施行するために必要があると認めるときは、事業主に対して、必要な資料の提出及び説明を求めることができる。

（報告の請求）

第36条　厚生労働大臣は、事業主から第30条の2第1項及び第2項の規定の施行に関し必要な事項について報告を求めることができる。

2　（略）

第41条　第36条第1項の規定による報告をせず、又は虚偽の報告をした者は、20万円以下の過料に処する。

資料7	事業主が職場における優越的な関係を背景とした言動に起因する問題に関して雇用管理上講ずべき措置等についての指針

(令和2年厚生労働省告示第5号)

1　はじめに

　この指針は、労働施策の総合的な推進並びに労働者の雇用の安定及び職業生活の充実等に関する法律（昭和41年法律第132号。以下「法」という。）第30条の2第1項及び第2項に規定する事業主が職場において行われる優越的な関係を背景とした言動であって、業務上必要かつ相当な範囲を超えたものにより、その雇用する労働者の就業環境が害されること（以下「職場におけるパワーハラスメント」という。）のないよう雇用管理上講ずべき措置等について、同条第3項の規定に基づき事業主が適切かつ有効な実施を図るために必要な事項について定めたものである。

2　職場におけるパワーハラスメントの内容

⑴　職場におけるパワーハラスメントは、職場において行われる①優越的な関係を背景とした言動であって、②業務上必要かつ相当な範囲を超えたものにより、③労働者の就業環境が害されるものであり、①から③までの要素を全て満たすものをいう。

　なお、客観的にみて、業務上必要かつ相当な範囲で行われる適正な業務指示や指導については、職場におけるパワーハラスメントには該当しない。

⑵　「職場」とは、事業主が雇用する労働者が業務を遂行する場所を指し、当該労働者が通常就業している場所以外の場所であっても、当該労働者が業務を遂行する場所については、「職場」に含まれる。

⑶　「労働者」とは、いわゆる正規雇用労働者のみならず、パートタイム労働者、契約社員等いわゆる非正規雇用労働者を含む事業主が雇用する労働者の全てをいう。

　また、派遣労働者については、派遣元事業主のみならず、労働者派遣の役務の提供を受ける者についても、労働者派遣事業の適正な運営の確保及び派遣労働者の保護等に関する法律（昭和60年法律第88号）第47条の4の規定により、その指揮命令の下に労働させる派遣労働者を雇用する事業主とみなされ、法第30条の2第1項及び第30条の3第2項の規定が適用されることから、労働者派遣の役務の提供を受ける者は、派遣労働者についてもその雇用する労働者と同様に、3⑴の配慮及び4の措置を講ずることが必要である。なお、法第30条の2第2項、第30条の5第2項及び第30条の6第2項の労働者に対する不利益な取扱いの禁止については、派遣労働者も対象に含まれるものであり、派遣元事業主のみならず、労働者派遣の役務の提供を受ける者もまた、当該者に派遣労働者が職場におけるパワーハラスメントの相談を行ったこと等を理由として、当該派遣労働者に係る労働者派遣の役務の提供を拒む等、当該派遣労働者に対する不利益な取扱いを行ってはならない。

⑷　「優越的な関係を背景とした」言動とは、当該事業主の業務を遂行するに当たって、当該言動を受ける労働者が当該言動の行為者とされる者（以下「行為者」という。）に対して抵抗又は拒絶することができない蓋然性が高い関係を背景として行われるものを指し、例えば、以下のもの等が含まれる。

- 職務上の地位が上位の者による言動
- 同僚又は部下による言動で、当該言動を行う者が業務上必要な知識や豊富な経験を有しており、当該者の協力を得なければ業務の円滑な遂行を行うことが困難であるもの
- 同僚又は部下からの集団による行為で、これに抵抗又は拒絶することが困難であるもの

(5) 「業務上必要かつ相当な範囲を超えた」言動とは、社会通念に照らし、当該言動が明らかに当該事業主の業務上必要性がない、又はその態様が相当でないものを指し、例えば、以下のもの等が含まれる。
- 業務上明らかに必要性のない言動
- 業務の目的を大きく逸脱した言動
- 業務を遂行するための手段として不適当な言動
- 当該行為の回数、行為者の数等、その態様や手段が社会通念に照らして許容される範囲を超える言動

この判断に当たっては、様々な要素（当該言動の目的、当該言動を受けた労働者の問題行動有無や内容・程度を含む当該言動が行われた経緯や状況、業種・業態、業務の内容・性質、当該言動の態様・頻度・継続性、労働者の属性や心身の状況、行為者との関係性等）を総合的に考慮することが適当である。また、その際には、個別の事案における労働者の行動が問題となる場合は、その内容・程度とそれに対する指導の態様等の相対的な関係性が重要な要素となることについても留意が必要である。

(6) 「労働者の就業環境が害される」とは、当該言動により労働者が身体的又は精神的に苦痛を与えられ、労働者の就業環境が不快なものとなったため、能力の発揮に重大な悪影響が生じる等当該労働者が就業する上で看過できない程度の支障が生じることを指す。

この判断に当たっては、「平均的な労働者の感じ方」、すなわち、同様の状況で当該言動を受けた場合に、社会一般の労働者が、就業する上で看過できない程度の支障が生じたと感じるような言動であるかどうかを基準とすることが適当である。

(7) 職場におけるパワーハラスメントは、(1)の①から③までの要素を全て満たすものをいい（客観的にみて、業務上必要かつ相当な範囲で行われる適正な業務指示や指導については、職場におけるパワーハラスメントには該当しない。）、個別の事案についてその該当性を判断するに当たっては、(5)で総合的に考慮することとした事項のほか、当該言動により労働者が受ける身体的又は精神的な苦痛の程度等を総合的に考慮して判断することが必要である。

このため、個別の事案の判断に際しては、相談窓口の担当者等がこうした事項に十分留意し、相談を行った労働者（以下「相談者」という。）の心身の状況や当該言動が行われた際の受け止めなどその認識にも配慮しながら、相談者及び行為者の双方から丁寧に事実確認等を行うことも重要である。

これらのことを十分踏まえて、予防から再発防止に至る一連の措置を適切に講じるこ

とが必要である。

　職場におけるパワーハラスメントの状況は多様であるが、代表的な言動の類型として
は、以下のイからヘまでのものがあり、当該言動の類型ごとに、典型的に職場における
パワーハラスメントに該当し、又は該当しないと考えられる例としては、次のようなも
のがある。

　ただし、個別の事案の状況等によって判断が異なる場合もあり得ること、また、次の
例は限定列挙ではないことに十分留意し、4(2)ロにあるとおり広く相談に対応するなど、
適切な対応を行うようにすることが必要である。

　なお、職場におけるパワーハラスメントに該当すると考えられる以下の例については、
行為者と当該言動を受ける労働者の関係性を個別に記載していないが、(4)にあるとおり、
優越的な関係を背景として行われたものであることが前提である。

イ　身体的な攻撃（暴行・傷害）
　(イ)　該当すると考えられる例
　　①　殴打、足蹴りを行うこと。
　　②　相手に物を投げつけること。
　(ロ)　該当しないと考えられる例
　　①　誤ってぶつかること。
ロ　精神的な攻撃（脅迫・名誉棄損・侮辱・ひどい暴言）
　(イ)　該当すると考えられる例
　　①　人格を否定するような言動を行うこと。相手の性的指向・性自認に関する侮辱
　　　　的な言動を行うことを含む。
　　②　業務の遂行に関する必要以上に長時間にわたる厳しい叱責を繰り返し行うこ
　　　　と。
　　③　他の労働者の面前における大声での威圧的な叱責を繰り返し行うこと。
　　④　相手の能力を否定し、罵倒するような内容の電子メール等を当該相手を含む複
　　　　数の労働者宛てに送信すること。
　(ロ)　該当しないと考えられる例
　　①　遅刻など社会的ルールを欠いた言動が見られ、再三注意してもそれが改善され
　　　　ない労働者に対して一定程度強く注意をすること。
　　②　その企業の業務の内容や性質等に照らして重大な問題行動を行った労働者に対
　　　　して、一定程度強く注意をすること。
ハ　人間関係からの切り離し（隔離・仲間外し・無視）
　(イ)　該当すると考えられる例
　　①　自身の意に沿わない労働者に対して、仕事を外し、長期間にわたり、別室に隔
　　　　離したり、自宅研修させたりすること。
　　②　一人の労働者に対して同僚が集団で無視をし、職場で孤立させること。
　(ロ)　該当しないと考えられる例

①　新規に採用した労働者を育成するために短期間集中的に別室で研修等の教育を実施すること。

②　懲戒規定に基づき処分を受けた労働者に対し、通常の業務に復帰させるために、その前に、一時的に別室で必要な研修を受けさせること。

ニ　過大な要求（業務上明らかに不要なことや遂行不可能なことの強制・仕事の妨害）

(イ)　該当すると考えられる例

①　長期間にわたる、肉体的苦痛を伴う過酷な環境下での勤務に直接関係のない作業を命ずること。

②　新卒採用者に対し、必要な教育を行わないまま到底対応できないレベルの業績目標を課し、達成できなかったことに対し厳しく叱責すること。

③　労働者に業務とは関係のない私的な雑用の処理を強制的に行わせること。

(ロ)　該当しないと考えられる例

①　労働者を育成するために現状よりも少し高いレベルの業務を任せること。

②　業務の繁忙期に、業務上の必要性から、当該業務の担当者に通常時よりも一定程度多い業務の処理を任せること。

ホ　過小な要求（業務上の合理性なく能力や経験とかけ離れた程度の低い仕事を命じることや仕事を与えないこと）

(イ)　該当すると考えられる例

①　管理職である労働者を退職させるため、誰でも遂行可能な業務を行わせること。

②　気にいらない労働者に対して嫌がらせのために仕事を与えないこと。

(ロ)　該当しないと考えられる例

①　労働者の能力に応じて、一定程度業務内容や業務量を軽減すること。

ヘ　個の侵害（私的なことに過度に立ち入ること）

(イ)　該当すると考えられる例

①　労働者を職場外でも継続的に監視したり、私物の写真撮影をしたりすること。

②　労働者の性的指向・性自認や病歴、不妊治療等の機微な個人情報について、当該労働者の了解を得ずに他の労働者に暴露すること。

(ロ)　該当しないと考えられる例

①　労働者への配慮を目的として、労働者の家族の状況等についてヒアリングを行うこと。

②　労働者の了解を得て、当該労働者の性的指向・性自認や病歴、不妊治療等の機微な個人情報について、必要な範囲で人事労務部門の担当者に伝達し、配慮を促すこと。

　この点、プライバシー保護の観点から、ヘ(イ)②のように機微な個人情報を暴露することのないよう、労働者に周知・啓発する等の措置を講じることが必要である。

3 事業主等の責務

(1) 事業主の責務

　法第30条の3第2項の規定により、事業主は、職場におけるパワーハラスメントを行ってはならないことその他職場におけるパワーハラスメントに起因する問題(以下「パワーハラスメント問題」という。)に対するその雇用する労働者の関心と理解を深めるとともに、当該労働者が他の労働者（他の事業主が雇用する労働者及び求職者を含む。(2)において同じ。）に対する言動に必要な注意を払うよう、研修の実施その他の必要な配慮をするほか、国の講ずる同条第1項の広報活動、啓発活動その他の措置に協力するように努めなければならない。なお、職場におけるパワーハラスメントに起因する問題としては、例えば、労働者の意欲の低下などによる職場環境の悪化や職場全体の生産性の低下、労働者の健康状態の悪化、休職や退職などにつながり得ること、これらに伴う経営的な損失等が考えられる。

　また、事業主（その者が法人である場合にあっては、その役員）は、自らも、パワーハラスメント問題に対する関心と理解を深め、労働者（他の事業主が雇用する労働者及び求職者を含む。）に対する言動に必要な注意を払うように努めなければならない。

(2) 労働者の責務

　法第30条の3第4項の規定により、労働者は、パワーハラスメント問題に対する関心と理解を深め、他の労働者に対する言動に必要な注意を払うとともに、事業主の講ずる4の措置に協力するように努めなければならない。

4 事業主が職場における優越的な関係を背景とした言動に起因する問題に関し雇用管理上講ずべき措置の内容

　事業主は、当該事業主が雇用する労働者又は当該事業主(その者が法人である場合にあっては、その役員)が行う職場におけるパワーハラスメントを防止するため、雇用管理上次の措置を講じなければならない。

(1) 事業主の方針等の明確化及びその周知・啓発

　事業主は、職場におけるパワーハラスメントに関する方針の明確化、労働者に対するその方針の周知・啓発として、次の措置を講じなければならない。

　なお、周知・啓発をするに当たっては、職場におけるパワーハラスメントの防止の効果を高めるため、その発生の原因や背景について労働者の理解を深めることが重要である。その際、職場におけるパワーハラスメントの発生の原因や背景には、労働者同士のコミュニケーションの希薄化などの職場環境の問題もあると考えられる。そのため、これらを幅広く解消していくことが職場におけるパワーハラスメントの防止の効果を高める上で重要であることに留意することが必要である。

　イ　職場におけるパワーハラスメントの内容及び職場におけるパワーハラスメントを行ってはならない旨の方針を明確化し、管理監督者を含む労働者に周知・啓発すること。

（事業主の方針等を明確化し、労働者に周知・啓発していると認められる例）

① 就業規則その他の職場における服務規律等を定めた文書において、職場における
パワーハラスメントを行ってはならない旨の方針を規定し、当該規定と併せて、職
場におけるパワーハラスメントの内容及びその発生の原因や背景を労働者に周知・
啓発すること。

② 社内報、パンフレット、社内ホームページ等広報又は啓発のための資料等に職場
におけるパワーハラスメントの内容及びその発生の原因や背景並びに職場における
パワーハラスメントを行ってはならない旨の方針を記載し、配布等すること。

③ 職場におけるパワーハラスメントの内容及びその発生の原因や背景並びに職場に
おけるパワーハラスメントを行ってはならない旨の方針を労働者に対して周知・啓
発するための研修、講習等を実施すること。

ロ 職場におけるパワーハラスメントに係る言動を行った者については、厳正に対処す
る旨の方針及び対処の内容を就業規則その他の職場における服務規律等を定めた文書
に規定し、管理監督者を含む労働者に周知・啓発すること。

（対処方針を定め、労働者に周知・啓発していると認められる例）

① 就業規則その他の職場における服務規律等を定めた文書において、職場における
パワーハラスメントに係る言動を行った者に対する懲戒規定を定め、その内容を労
働者に周知・啓発すること。

② 職場におけるパワーハラスメントに係る言動を行った者は、現行の就業規則その
他の職場における服務規律等を定めた文書において定められている懲戒規定の適用
の対象となる旨を明確化し、これを労働者に周知・啓発すること。

(2) 相談（苦情を含む。以下同じ。）に応じ、適切に対応するために必要な体制の整備

事業主は、労働者からの相談に対し、その内容や状況に応じ適切かつ柔軟に対応する
ために必要な体制の整備として、次の措置を講じなければならない。

イ 相談への対応のための窓口（以下「相談窓口」という。）をあらかじめ定め、労働
者に周知すること。

（相談窓口をあらかじめ定めていると認められる例）

① 相談に対応する担当者をあらかじめ定めること。

② 相談に対応するための制度を設けること。

③ 外部の機関に相談への対応を委託すること。

ロ イの相談窓口の担当者が、相談に対し、その内容や状況に応じ適切に対応できるよ
うにすること。また、相談窓口においては、被害を受けた労働者が萎縮するなどして
相談を躊躇する例もあること等も踏まえ、相談者の心身の状況や当該言動が行われた
際の受け止めなどその認識にも配慮しながら、職場におけるパワーハラスメントが現
実に生じている場合だけでなく、その発生のおそれがある場合や、職場におけるパワー
ハラスメントに該当するか否か微妙な場合であっても、広く相談に対応し、適切な対
応を行うようにすること。例えば、放置すれば就業環境を害するおそれがある場合や、

労働者同士のコミュニケーションの希薄化などの職場環境の問題が原因や背景となってパワーハラスメントが生じるおそれがある場合等が考えられる。
（相談窓口の担当者が適切に対応することができるようにしていると認められる例）
① 相談窓口の担当者が相談を受けた場合、その内容や状況に応じて、相談窓口の担当者と人事部門とが連携を図ることができる仕組みとすること。
② 相談窓口の担当者が相談を受けた場合、あらかじめ作成した留意点などを記載したマニュアルに基づき対応すること。
③ 相談窓口の担当者に対し、相談を受けた場合の対応についての研修を行うこと。
(3) 職場におけるパワーハラスメントに係る事後の迅速かつ適切な対応
事業主は、職場におけるパワーハラスメントに係る相談の申出があった場合において、その事案に係る事実関係の迅速かつ正確な確認及び適正な対処として、次の措置を講じなければならない。
イ 事案に係る事実関係を迅速かつ正確に確認すること。
（事案に係る事実関係を迅速かつ正確に確認していると認められる例）
① 相談窓口の担当者、人事部門又は専門の委員会等が、相談者及び行為者の双方から事実関係を確認すること。その際、相談者の心身の状況や当該言動が行われた際の受け止めなどその認識にも適切に配慮すること。
また、相談者と行為者との間で事実関係に関する主張に不一致があり、事実の確認が十分にできないと認められる場合には、第三者からも事実関係を聴取する等の措置を講ずること。
② 事実関係を迅速かつ正確に確認しようとしたが、確認が困難な場合などにおいて、法第30条の6に基づく調停の申請を行うことその他中立な第三者機関に紛争処理を委ねること。
ロ イにより、職場におけるパワーハラスメントが生じた事実が確認できた場合においては、速やかに被害を受けた労働者（以下「被害者」という。）に対する配慮のための措置を適正に行うこと。
（措置を適正に行っていると認められる例）
① 事案の内容や状況に応じ、被害者と行為者の間の関係改善に向けての援助、被害者と行為者を引き離すための配置転換、行為者の謝罪、被害者の労働条件上の不利益の回復、管理監督者又は事業場内産業保健スタッフ等による被害者のメンタルヘルス不調への相談対応等の措置を講ずること。
② 法第30条の6に基づく調停その他中立な第三者機関の紛争解決案に従った措置を被害者に対して講ずること。
ハ イにより、職場におけるパワーハラスメントが生じた事実が確認できた場合においては、行為者に対する措置を適正に行うこと。
（措置を適正に行っていると認められる例）
① 就業規則その他の職場における服務規律等を定めた文書における職場におけるパ

ワーハラスメントに関する規定等に基づき、行為者に対して必要な懲戒その他の措置を講ずること。あわせて、事案の内容や状況に応じ、被害者と行為者の間の関係改善に向けての援助、被害者と行為者を引き離すための配置転換、行為者の謝罪等の措置を講ずること。

② 法第30条の6に基づく調停その他中立な第三者機関の紛争解決案に従った措置を行為者に対して講ずること。

ニ 改めて職場におけるパワーハラスメントに関する方針を周知・啓発する等の再発防止に向けた措置を講ずること。

なお、職場におけるパワーハラスメントが生じた事実が確認できなかった場合においても、同様の措置を講ずること。

（再発防止に向けた措置を講じていると認められる例）

① 職場におけるパワーハラスメントを行ってはならない旨の方針及び職場におけるパワーハラスメントに係る言動を行った者について厳正に対処する旨の方針を、社内報、パンフレット、社内ホームページ等広報又は啓発のための資料等に改めて掲載し、配布等すること。

② 労働者に対して職場におけるパワーハラスメントに関する意識を啓発するための研修、講習等を改めて実施すること。

(4) (1)から(3)までの措置と併せて講ずべき措置

(1)から(3)までの措置を講ずるに際しては、併せて次の措置を講じなければならない。

イ 職場におけるパワーハラスメントに係る相談者・行為者等の情報は当該相談者・行為者等のプライバシーに属するものであることから、相談への対応又は当該パワーハラスメントに係る事後の対応に当たっては、相談者・行為者等のプライバシーを保護するために必要な措置を講ずるとともに、その旨を労働者に対して周知すること。なお、相談者・行為者等のプライバシーには、性的指向・性自認や病歴、不妊治療等の機微な個人情報も含まれるものであること。

（相談者・行為者等のプライバシーを保護するために必要な措置を講じていると認められる例）

① 相談者・行為者等のプライバシーの保護のために必要な事項をあらかじめマニュアルに定め、相談窓口の担当者が相談を受けた際には、当該マニュアルに基づき対応するものとすること。

② 相談者・行為者等のプライバシーの保護のために、相談窓口の担当者に必要な研修を行うこと。

③ 相談窓口においては相談者・行為者等のプライバシーを保護するために必要な措置を講じていることを、社内報、パンフレット、社内ホームページ等広報又は啓発のための資料等に掲載し、配布等すること。

ロ 法第30条の2第2項、第30条の5第2項及び第30条の6第2項の規定を踏まえ、労働者が職場におけるパワーハラスメントに関し相談をしたこと若しくは事実関係の

確認等の事業主の雇用管理上講ずべき措置に協力したこと、都道府県労働局に対して相談、紛争解決の援助の求め若しくは調停の申請を行ったこと又は調停の出頭の求めに応じたこと（以下「パワーハラスメントの相談等」という。）を理由として、解雇その他不利益な取扱いをされない旨を定め、労働者に周知・啓発すること。

（不利益な取扱いをされない旨を定め、労働者にその周知・啓発することについて措置を講じていると認められる例）

① 就業規則その他の職場における服務規律等を定めた文書において、パワーハラスメントの相談等を理由として、労働者が解雇等の不利益な取扱いをされない旨を規定し、労働者に周知・啓発をすること。

② 社内報、パンフレット、社内ホームページ等広報又は啓発のための資料等に、パワーハラスメントの相談等を理由として、労働者が解雇等の不利益な取扱いをされない旨を記載し、労働者に配布等すること。

5　事業主が職場における優越的な関係を背景とした言動に起因する問題に関し行うことが望ましい取組の内容

事業主は、当該事業主が雇用する労働者又は当該事業主（その者が法人である場合にあっては、その役員）が行う職場におけるパワーハラスメントを防止するため、4の措置に加え、次の取組を行うことが望ましい。

(1)　職場におけるパワーハラスメントは、セクシュアルハラスメント（事業主が職場における性的な言動に起因する問題に関して雇用管理上講ずべき措置等についての指針（平成18年厚生労働省告示第615号）に規定する「職場におけるセクシュアルハラスメント」をいう。以下同じ。）、妊娠、出産等に関するハラスメント（事業主が職場における妊娠、出産等に関する言動に起因する問題に関して雇用管理上講ずべき措置等についての指針（平成28年厚生労働省告示第312号）に規定する「職場における妊娠、出産等に関するハラスメント」をいう。）、育児休業等に関するハラスメント（子の養育又は家族の介護を行い、又は行うこととなる労働者の職業生活と家庭生活との両立が図られるようにするために事業主が講ずべき措置等に関する指針（平成21年厚生労働省告示第509号）に規定する「職場における育児休業等に関するハラスメント」をいう。）その他のハラスメントと複合的に生じることも想定されることから、事業主は、例えば、セクシュアルハラスメント等の相談窓口と一体的に、職場におけるパワーハラスメントの相談窓口を設置し、一元的に相談に応じることのできる体制を整備することが望ましい。

（一元的に相談に応じることのできる体制の例）

① 相談窓口で受け付けることのできる相談として、職場におけるパワーハラスメントのみならず、セクシュアルハラスメント等も明示すること。

② 職場におけるパワーハラスメントの相談窓口がセクシュアルハラスメント等の相談窓口を兼ねること。

(2)　事業主は、職場におけるパワーハラスメントの原因や背景となる要因を解消するため、

次の取組を行うことが望ましい。

　なお、取組を行うに当たっては、労働者個人のコミュニケーション能力の向上を図ることは、職場におけるパワーハラスメントの行為者・被害者の双方になることを防止する上で重要であることや、業務上必要かつ相当な範囲で行われる適正な業務指示や指導については、職場におけるパワーハラスメントには該当せず、労働者が、こうした適正な業務指示や指導を踏まえて真摯に業務を遂行する意識を持つことも重要であることに留意することが必要である。

イ　コミュニケーションの活性化や円滑化のために研修等の必要な取組を行うこと。
　（コミュニケーションの活性化や円滑化のために必要な取組例）
　　①　日常的なコミュニケーションを取るよう努めることや定期的に面談やミーティングを行うことにより、風通しの良い職場環境や互いに助け合える労働者同士の信頼関係を築き、コミュニケーションの活性化を図ること。
　　②　感情をコントロールする手法についての研修、コミュニケーションスキルアップについての研修、マネジメントや指導についての研修等の実施や資料の配布等により、労働者が感情をコントロールする能力やコミュニケーションを円滑に進める能力等の向上を図ること。

ロ　適正な業務目標の設定等の職場環境の改善のための取組を行うこと。
　（職場環境の改善のための取組例）
　　①　適正な業務目標の設定や適正な業務体制の整備、業務の効率化による過剰な長時間労働の是正等を通じて、労働者に過度に肉体的・精神的負荷を強いる職場環境や組織風土を改善すること。

(3)　事業主は、4の措置を講じる際に、必要に応じて、労働者や労働組合等の参画を得つつ、アンケート調査や意見交換等を実施するなどにより、その運用状況の的確な把握や必要な見直しの検討等に努めることが重要である。なお、労働者や労働組合等の参画を得る方法として、例えば、労働安全衛生法（昭和47年法律第57号）第18条第1項に規定する衛生委員会の活用なども考えられる。

6　事業主が自らの雇用する労働者以外の者に対する言動に関し行うことが望ましい取組の内容

　3の事業主及び労働者の責務の趣旨に鑑みれば、事業主は、当該事業主が雇用する労働者が、他の労働者（他の事業主が雇用する労働者及び求職者を含む。）のみならず、個人事業主、インターンシップを行っている者等の労働者以外の者に対する言動についても必要な注意を払うよう配慮するとともに、事業主（その者が法人である場合にあっては、その役員）自らと労働者も、労働者以外の者に対する言動について必要な注意を払うよう努めることが望ましい。

　こうした責務の趣旨も踏まえ、事業主は、4(1)イの職場におけるパワーハラスメントを行ってはならない旨の方針の明確化等を行う際に、当該事業主が雇用する労働者以外の者

（他の事業主が雇用する労働者、就職活動中の学生等の求職者及び労働者以外の者）に対する言動についても、同様の方針を併せて示すことが望ましい。

　また、これらの者から職場におけるパワーハラスメントに類すると考えられる相談があった場合には、その内容を踏まえて、4の措置も参考にしつつ、必要に応じて適切な対応を行うように努めることが望ましい。

7　事業主が他の事業主の雇用する労働者等からのパワーハラスメントや顧客等からの著しい迷惑行為に関し行うことが望ましい取組の内容

　事業主は、取引先等の他の事業主が雇用する労働者又は他の事業主（その者が法人である場合にあっては、その役員）からのパワーハラスメントや顧客等からの著しい迷惑行為（暴行、脅迫、ひどい暴言、著しく不当な要求等）により、その雇用する労働者が就業環境を害されることのないよう、雇用管理上の配慮として、例えば、(1)及び(2)の取組を行うことが望ましい。また、(3)のような取組を行うことも、その雇用する労働者が被害を受けることを防止する上で有効と考えられる。

(1)　相談に応じ、適切に対応するために必要な体制の整備

　　事業主は、他の事業主が雇用する労働者等からのパワーハラスメントや顧客等からの著しい迷惑行為に関する労働者からの相談に対し、その内容や状況に応じ適切かつ柔軟に対応するために必要な体制の整備として、4(2)イ及びロの例も参考にしつつ、次の取組を行うことが望ましい。

　　また、併せて、労働者が当該相談をしたことを理由として、解雇その他不利益な取扱いを行ってはならない旨を定め、労働者に周知・啓発することが望ましい。

　イ　相談先（上司、職場内の担当者等）をあらかじめ定め、これを労働者に周知すること。

　ロ　イの相談を受けた者が、相談に対し、その内容や状況に応じ適切に対応できるようにすること。

(2)　被害者への配慮のための取組

　　事業主は、相談者から事実関係を確認し、他の事業主が雇用する労働者等からのパワーハラスメントや顧客等からの著しい迷惑行為が認められた場合には、速やかに被害者に対する配慮のための取組を行うことが望ましい。

　　（被害者への配慮のための取組例）

　　　事案の内容や状況に応じ、被害者のメンタルヘルス不調への相談対応、著しい迷惑行為を行った者に対する対応が必要な場合に一人で対応させない等の取組を行うこと。

(3)　他の事業主が雇用する労働者等からのパワーハラスメントや顧客等からの著しい迷惑行為による被害を防止するための取組

　　(1)及び(2)の取組のほか、他の事業主が雇用する労働者等からのパワーハラスメントや顧客等からの著しい迷惑行為からその雇用する労働者が被害を受けることを防止する上

では、事業主が、こうした行為への対応に関するマニュアルの作成や研修の実施等の取組を行うことも有効と考えられる。

　また、業種・業態等によりその被害の実態や必要な対応も異なると考えられることから、業種・業態等における被害の実態や業務の特性等を踏まえて、それぞれの状況に応じた必要な取組を進めることも、被害の防止に当たっては効果的と考えられる。

資料8 心理的負荷による精神障害の認定基準

令和5年9月1日付基発0901第2号

第1 対象疾病

　　本認定基準で対象とする疾病（以下「対象疾病」という。）は、疾病及び関連保健問題の国際統計分類第10回改訂版（以下「ICD−10」という。）第Ⅴ章「精神及び行動の障害」に分類される精神障害であって、器質性のもの及び有害物質に起因するものを除く。

　　対象疾病のうち業務に関連して発病する可能性のある精神障害は、主としてICD−10のF2からF4に分類される精神障害である。

　　なお、器質性の精神障害及び有害物質に起因する精神障害（ICD−10のF0及びF1に分類されるもの）については、頭部外傷、脳血管障害、中枢神経変性疾患等の器質性脳疾患に付随する疾病や化学物質による疾病等として認められるか否かを個別に判断する。

　　また、心身症は、本認定基準における精神障害には含まれない。

第2 認定要件

　　次の1、2及び3のいずれの要件も満たす対象疾病は、労働基準法施行規則別表第1の2第9号に該当する業務上の疾病として取り扱う。

1　対象疾病を発病していること。

2　対象疾病の発病前おおむね6か月の間に、業務による強い心理的負荷が認められること。

3　業務以外の心理的負荷及び個体側要因により対象疾病を発病したとは認められないこと。

　　また、要件を満たす対象疾病に併発した疾病については、対象疾病に付随する疾病として認められるか否かを個別に判断し、これが認められる場合には当該対象疾病と一体のものとして、労働基準法施行規則別表第1の2第9号に該当する業務上の疾病として取り扱う。

第3 認定要件に関する基本的な考え方

　　対象疾病の発病に至る原因の考え方は、環境由来の心理的負荷（ストレス）と、個体側の反応性、脆弱性との関係で精神的破綻が生じるかどうかが決まり、心理的負荷が非常に強ければ、個体側の脆弱性が小さくても精神的破綻が起こり、脆弱性が大きければ、心理的負荷が小さくても破綻が生ずるとする「ストレス−脆弱性理論」に依拠している。

　　このため、心理的負荷による精神障害の業務起因性を判断する要件としては、対象疾病が発病しており、当該対象疾病の発病の前おおむね6か月の間に業務による強い心理的負荷が認められることを掲げている。

　　さらに、これらの要件が認められた場合であっても、明らかに業務以外の心理的負荷や個体側要因によって発病したと認められる場合には、業務起因性が否定されるため、認定要件を前記第2のとおり定めた。

第4　認定要件の具体的判断

1　発病等の判断

(1)　発病の有無等

　　対象疾病の発病の有無及び疾患名は、「ICD－10　精神及び行動の障害臨床記述と診断ガイドライン」（以下「診断ガイドライン」という。）に基づき、主治医の意見書や診療録等の関係資料、請求人や関係者からの聴取内容、その他の情報から得られた認定事実により、医学的に判断する。

　　自殺に精神障害が関与している場合は多いことを踏まえ、治療歴がない自殺事案については、うつ病エピソードのように症状に周囲が気づきにくい精神障害もあることに留意しつつ関係者からの聴取内容等を医学的に慎重に検討し、診断ガイドラインに示す診断基準を満たす事実が認められる場合又は種々の状況から診断基準を満たすと医学的に推定される場合には、当該疾患名の精神障害が発病したものとして取り扱う。

(2)　発病時期

　　発病時期についても診断ガイドラインに基づき判断する。その特定が難しい場合にも、心理的負荷となる出来事との関係や、自殺事案については自殺日との関係等を踏まえ、できる限り時期の範囲を絞り込んだ医学意見を求めて判断する。

　　その際、強い心理的負荷と認められる出来事の前と後の両方に発病の兆候と理解し得る言動があるものの、診断基準を満たした時期の特定が困難な場合には、出来事の後に発病したものと取り扱う。

　　また、精神障害の治療歴のない自殺事案についても、請求人や関係者からの聴取等から得られた認定事実を踏まえ、医学専門家の意見に基づき発病時期を判断する。その際、精神障害は発病していたと考えられるものの、診断ガイドラインに示す診断基準を満たした時期の特定が困難な場合には、遅くとも自殺日までには発病していたものと判断する。

　　さらに、生死にかかわるケガ、強姦等の特に強い心理的負荷となる出来事を体験した場合、出来事の直後に解離等の心理的反応が生じ、受診時期が遅れることがある。このような場合には、当該心理的反応が生じた時期（特に強い心理的負荷となる出来事の直後）を発病時期と判断して当該出来事を評価の対象とする。

2　業務による心理的負荷の強度の判断

(1)　業務による強い心理的負荷の有無の判断

　　認定要件のうち「2　対象疾病の発病前おおむね6か月の間に、業務による強い心理的負荷が認められること」（以下「認定要件2」という。）とは、対象疾病の発病前おおむね6か月の間に業務による出来事があり、当該出来事及びその後の状況による心理的負荷が、客観的に対象疾病を発病させるおそれのある強い心理的負荷であると認められることをいう。

　　心理的負荷の評価に当たっては、発病前おおむね6か月の間に、対象疾病の発病

に関与したと考えられるどのような出来事があり、また、その後の状況がどのようなものであったのかを具体的に把握し、その心理的負荷の強度を判断する。

　その際、精神障害を発病した労働者が、その出来事及び出来事後の状況を主観的にどう受け止めたかによって評価するのではなく、同じ事態に遭遇した場合、同種の労働者が一般的にその出来事及び出来事後の状況をどう受け止めるかという観点から評価する。この「同種の労働者」は、精神障害を発病した労働者と職種、職場における立場や職責、年齢、経験等が類似する者をいう。

　その上で、後記(2)及び(3)により、心理的負荷の全体を総合的に評価して「強」と判断される場合には、認定要件2を満たすものとする。

(2) **業務による心理的負荷評価表**

　業務による心理的負荷の強度の判断に当たっては、別表1「業務による心理的負荷評価表」(以下「別表1」という。)を指標として、前記(1)により把握した出来事による心理的負荷の強度を、次のとおり「強」、「中」、「弱」の三段階に区分する。

　なお、別表1においては、業務による強い心理的負荷が認められるものを心理的負荷の総合評価が「強」と表記し、業務による強い心理的負荷が認められないものを「中」又は「弱」と表記している。「弱」は日常的に経験するものや一般に想定されるもの等であって通常弱い心理的負荷しか認められないものであり、「中」は経験の頻度は様々であって「弱」よりは心理的負荷があるものの強い心理的負荷とは認められないものである。

　ア　特別な出来事の評価

　　発病前おおむね6か月の間に、別表1の「特別な出来事」に該当する業務による出来事が認められた場合には、心理的負荷の総合評価を「強」と判断する。

　イ　特別な出来事以外の評価

　　「特別な出来事」以外の出来事については、当該出来事を別表1の「具体的出来事」のいずれに該当するかを判断し、合致しない場合にも近い「具体的出来事」に当てはめ、総合評価を行う。

　　別表1では、「具体的出来事」ごとにその「平均的な心理的負荷の強度」を、強い方から「Ⅲ」、「Ⅱ」、「Ⅰ」として示し、その上で、「心理的負荷の総合評価の視点」として、その出来事に伴う業務による心理的負荷の強さを総合的に評価するために典型的に想定される検討事項を明示し、さらに、「心理的負荷の強度を「弱」「中」「強」と判断する具体例」(以下「具体例」という。)を示している。

　　該当する「具体的出来事」に示された具体例の内容に、認定した出来事及び出来事後の状況についての事実関係が合致する場合には、その強度で評価する。事実関係が具体例に合致しない場合には、「心理的負荷の総合評価の視点」及び「総合評価の留意事項」に基づき、具体例も参考としつつ個々の事案ごとに評価する。

　　なお、具体例はあくまでも例示であるので、具体例の「強」の欄で示したもの以外は「強」と判断しないというものではない。

ウ　心理的負荷の総合評価の視点及び具体例

「心理的負荷の総合評価の視点」及び具体例は、次の考え方に基づいて示しており、この考え方は個々の事案の判断においても適用すべきものである。

(ｱ)　類型①「事故や災害の体験」は、出来事自体の心理的負荷の強弱を特に重視した評価としている。

(ｲ)　類型①以外の出来事については、出来事と出来事後の状況の両者を軽重の別なく評価しており、総合評価を「強」と判断するのは次のような場合である。

　a　出来事自体の心理的負荷が強く、その後に当該出来事に関する本人の対応を伴っている場合

　b　出来事自体の心理的負荷としては中程度であっても、その後に当該出来事に関する本人の特に困難な対応を伴っている場合

エ　総合評価の留意事項

出来事の総合評価に当たっては、出来事それ自体と、当該出来事の継続性や事後対応の状況、職場環境の変化などの出来事後の状況の双方を十分に検討し、例示されているもの以外であっても出来事に伴って発生したと認められる状況や、当該出来事が生じるに至った経緯等も含めて総合的に考慮して、当該出来事の心理的負荷の程度を判断する。

その際、職場の支援・協力が欠如した状況であること（問題への対処、業務の見直し、応援体制の確立、責任の分散その他の支援・協力がなされていない等）や、仕事の裁量性が欠如した状況であること（仕事が孤独で単調となった、自分で仕事の順番・やり方を決めることができなくなった、自分の技能や知識を仕事で使うことが要求されなくなった等）は、総合評価を強める要素となる。

オ　長時間労働等の心理的負荷の評価

別表1には、時間外労働時間数（週40時間を超えて労働した時間数をいう。以下同じ。）等を指標とする具体例等を次のとおり示しているので、長時間労働等が認められる場合にはこれにより判断する。ここで、時間外労働時間数に基づく具体例等については、いずれも、休憩時間は少ないが手待時間が多い場合等、労働密度が特に低い場合を除くものであり、また、その業務内容が通常その程度の労働時間を要するものである場合を想定したものである。

なお、業務による強い心理的負荷は、長時間労働だけでなく、仕事の失敗、過重な責任の発生、役割・地位の変化や対人関係等、様々な出来事及び出来事後の状況によっても生じることから、具体例等で示された時間外労働時間数に至らない場合にも、時間数のみにとらわれることなく、心理的負荷の強度を適切に判断する。

(ｱ)　極度の長時間労働

極度の長時間労働、例えば数週間にわたる生理的に必要な最小限度の睡眠時間を確保できないほどの長時間労働は、心身の極度の疲弊、消耗を来し、うつ

病等の原因となることから、発病直前の1か月におおむね160時間を超える時間外労働を行った場合等には、当該極度の長時間労働に従事したことのみで心理的負荷の総合評価を「強」とする。

(イ) 「具体的出来事」としての長時間労働の評価

　　仕事内容・仕事量の大きな変化を生じさせる出来事により時間外労働が大幅に増えた場合（項目11）のほか、1か月に80時間以上の時間外労働が生じるような長時間労働となった状況それ自体を「出来事」とし（項目12）、その心理的負荷を評価する。

(ウ) 恒常的長時間労働がある場合の他の出来事の総合評価

　　出来事に対処するために生じた長時間労働は、心身の疲労を増加させ、ストレス対応能力を低下させる要因となることや、長時間労働は一般に精神障害の準備状態を形成する要因となることから、恒常的な長時間労働の下で発生した出来事の心理的負荷は平均より強く評価される必要があると考えられ、そのような出来事と発病との近接性や、その出来事に関する対応の困難性等を踏まえて、出来事に係る心理的負荷の総合評価を行う必要がある。

　　このことから、別表1では、1か月おおむね100時間の時間外労働を「恒常的長時間労働」の状況とし、恒常的長時間労働がある場合に心理的負荷の総合評価が「強」となる具体例を示している。

　　なお、出来事の前の恒常的長時間労働の評価期間は、発病前おおむね6か月の間とする。

(エ) 連続勤務

　　連続勤務（項目13）に関する具体例についても、時間外労働に関するものと同様に、休憩時間は少ないが手待時間が多い場合等、労働密度が特に低い場合を除くものであり、また、その業務内容が通常その程度の労働時間（労働日数）を要するものである場合を想定したものである。

カ　ハラスメント等に関する心理的負荷の評価

　　ハラスメントやいじめのように出来事が繰り返されるものについては、繰り返される出来事を一体のものとして評価し、それが継続する状況は、心理的負荷が強まるものと評価する。

　　また、別表1において、一定の行為を「反復・継続するなどして執拗に受けた」としている部分がある。これは、「執拗」と評価される事案について、一般的にはある行動が何度も繰り返されている状況にある場合が多いが、たとえ一度の言動であっても、これが比較的長時間に及ぶものであって、行為態様も強烈で悪質性を有する等の状況がみられるときにも「執拗」と評価すべき場合があるとの趣旨である。

(3) **複数の出来事の評価**

　対象疾病の発病に関与する業務による出来事が複数ある場合には、次のように業

務による心理的負荷の全体を総合的に評価する。

ア　前記(2)によりそれぞれの具体的出来事について総合評価を行い、いずれかの具体的出来事によって「強」の判断が可能な場合は、業務による心理的負荷を「強」と判断する。

イ　いずれの出来事でも単独では「強」と評価できない場合には、それらの複数の出来事について、関連して生じているのか、関連なく生じているのかを判断した上で、次により心理的負荷の全体を総合的に判断する。

(ア)　出来事が関連して生じている場合には、その全体を一つの出来事として評価することとし、原則として最初の出来事を具体的出来事として別表1に当てはめ、関連して生じた各出来事は出来事後の状況とみなす方法により、その全体について総合的な評価を行う。

具体的には、「中」である出来事があり、それに関連する別の出来事（それ単独では「中」の評価）が生じた場合には、後発の出来事は先発の出来事の出来事後の状況とみなし、当該後発の出来事の内容、程度により「強」又は「中」として全体を総合的に評価する。

なお、同一時点で生じた事象を異なる視点から検討している場合や、同一の原因により複数の事象が生じている場合、先発の出来事の結果次の出来事が生じている場合等については、複数の出来事が関連して生じた場合と考えられる。

(イ)　ある出来事に関連せずに他の出来事が生じている場合であって、単独の出来事の評価が「中」と評価する出来事が複数生じているときには、それらの出来事が生じた時期の近接の程度、各出来事と発病との時間的な近接の程度、各出来事の継続期間、各出来事の内容、出来事の数等によって、総合的な評価が「強」となる場合もあり得ることを踏まえつつ、事案に応じて心理的負荷の全体を評価する。この場合、全体の総合的な評価は、「強」又は「中」となる。

当該評価に当たり、それぞれの出来事が時間的に近接・重複して生じている場合には、「強」の水準に至るか否かは事案によるとしても、全体の総合的な評価はそれぞれの出来事の評価よりも強くなると考えられる。

一方、それぞれの出来事が完結して落ち着いた状況となった後に次の出来事が生じているときには、原則として、全体の総合的な評価はそれぞれの出来事の評価と同一になると考えられる。

また、単独の出来事の心理的負荷が「中」である出来事が一つあるほかには「弱」の出来事しかない場合には原則として全体の総合的な評価も「中」であり、「弱」の出来事が複数生じている場合には原則として全体の総合的な評価も「弱」となる。

(4)　**評価期間の留意事項**

認定要件2のとおり、業務による心理的負荷の評価期間は発病前おおむね6か月であるが、当該期間における心理的負荷を的確に評価するため、次の事項に留意す

る。

ア　ハラスメントやいじめのように出来事が繰り返されるものについては、前記(2)
　　カのとおり、繰り返される出来事を一体のものとして評価することとなるので、
　　発病の6か月よりも前にそれが開始されている場合でも、発病前おおむね6か月
　　の期間にも継続しているときは、開始時からのすべての行為を評価の対象とする
　　こと。

イ　出来事の起点が発病の6か月より前であっても、その出来事（出来事後の状況）
　　が継続している場合にあっては、発病前おおむね6か月の間における状況や対応
　　について評価の対象とすること。例えば、業務上の傷病により長期療養中の場合、
　　その傷病の発生は発病の6か月より前であっても、当該傷病により発病前おおむ
　　ね6か月の間に生じている強い苦痛や社会復帰が困難な状況等を出来事として評
　　価すること。

3　業務以外の心理的負荷及び個体側要因による発病でないことの判断

(1)　業務以外の心理的負荷及び個体側要因による発病でないことの判断

認定要件のうち、「3　業務以外の心理的負荷及び個体側要因により対象疾病を
発病したとは認められないこと」とは、次のア又はイの場合をいう。

ア　業務以外の心理的負荷及び個体側要因が確認できない場合

イ　業務以外の心理的負荷又は個体側要因は認められるものの、業務以外の心理的
　　負荷又は個体側要因によって発病したことが医学的に明らかであると判断できな
　　い場合

(2)　業務以外の心理的負荷の評価

業務以外の心理的負荷の評価については、対象疾病の発病前おおむね6か月の間
に、対象疾病の発病に関与したと考えられる業務以外の出来事の有無を確認し、出
来事が一つ以上確認できた場合は、それらの出来事の心理的負荷の強度について、
別表2「業務以外の心理的負荷評価表」を指標として、心理的負荷の強度を「Ⅲ」、
「Ⅱ」又は「Ⅰ」に区分する。

出来事が確認できなかった場合には、前記(1)アに該当するものと取り扱う。心理
的負荷の強度が「Ⅱ」又は「Ⅰ」の出来事しか認められない場合は、原則として前
記(1)イに該当するものと取り扱う。

心理的負荷の強度が「Ⅲ」と評価される出来事の存在が明らかな場合には、その
内容等を詳細に調査し、「Ⅲ」に該当する業務以外の出来事のうち心理的負荷が特
に強いものがある場合や、「Ⅲ」に該当する業務以外の出来事が複数ある場合等に
ついて、それが発病の原因であると判断することの医学的な妥当性を慎重に検討し、
前記(1)イに該当するか否かを判断する。

(3)　個体側要因の評価

個体側要因とは、個人に内在している脆弱性・反応性であるが、既往の精神障害
や現在治療中の精神障害、アルコール依存状況等の存在が明らかな場合にその内容

等を調査する。

　業務による強い心理的負荷が認められる事案について、重度のアルコール依存状況がある等の顕著な個体側要因がある場合には、それが発病の主因であると判断することの医学的な妥当性を慎重に検討し、前記(1)イに該当するか否かを判断する。

第5　精神障害の悪化と症状安定後の新たな発病

1　精神障害の悪化とその業務起因性

　精神障害を発病して治療が必要な状態にある者は、一般に、病的状態に起因した思考から自責的・自罰的になり、ささいな心理的負荷に過大に反応するため、悪化の原因は必ずしも大きな心理的負荷によるものとは限らないこと、また、自然経過によって悪化する過程においてたまたま業務による心理的負荷が重なっていたにすぎない場合もあることから、業務起因性が認められない精神障害の悪化の前に強い心理的負荷となる業務による出来事が認められても、直ちにそれが当該悪化の原因であると判断することはできない。

　ただし、別表1の特別な出来事があり、その後おおむね6か月以内に対象疾病が自然経過を超えて著しく悪化したと医学的に認められる場合には、当該特別な出来事による心理的負荷が悪化の原因であると推認し、悪化した部分について業務起因性を認める。

　また、特別な出来事がなくとも、悪化の前に業務による強い心理的負荷が認められる場合には、当該業務による強い心理的負荷、本人の個体側要因（悪化前の精神障害の状況）と業務以外の心理的負荷、悪化の態様やこれに至る経緯（悪化後の症状やその程度、出来事と悪化との近接性、発病から悪化までの期間など）等を十分に検討し、業務による強い心理的負荷によって精神障害が自然経過を超えて著しく悪化したものと精神医学的に判断されるときには、悪化した部分について業務起因性を認める。

　なお、既存の精神障害が悪化したといえるか否かについては、個別事案ごとに医学専門家による判断が必要である。

2　症状安定後の新たな発病

　既存の精神障害について、一定期間、通院・服薬を継続しているものの、症状がなく、又は安定していた状態で、通常の勤務を行っている状況にあって、その後、症状の変化が生じたものについては、精神障害の発病後の悪化としてではなく、症状が改善し安定した状態が一定期間継続した後の新たな発病として、前記第2の認定要件に照らして判断すべきものがあること。

第6　専門家意見と認定要件の判断

　認定要件を満たすか否かについては、医師の意見と認定した事実に基づき次のとおり判断する。

1　主治医意見による判断

　対象疾病の治療歴がない自殺事案を除くすべての事案について、主治医から、疾患名、発病時期、主治医の考える発病原因及びそれらの判断の根拠についての意見を求

める。

　その結果、主治医が対象疾病を発病したと診断しており、労働基準監督署長（以下「署長」という。）が認定した業務による心理的負荷に係る事実と主治医の診断の前提となっている事実が対象疾病の発病時期やその原因に関して合致するとともに、その事実に係る心理的負荷の評価が「強」に該当することが明らかであって、業務以外の心理的負荷や個体側要因に顕著なものが認められない場合には、認定要件を満たすものと判断する。

2　専門医意見による判断

　対象疾病の治療歴がない自殺事案については、地方労災医員等の専門医に意見を求め、その意見に基づき認定要件を満たすか否かを判断する。

　また、業務による心理的負荷に係る認定事実の評価について「強」に該当することが明らかでない事案及び署長が主治医意見に補足が必要と判断した事案については、主治医の意見に加え、専門医に意見を求め、その意見に基づき認定要件を満たすか否かを判断する。

3　専門部会意見による判断

　前記1及び2にかかわらず、専門医又は署長が高度な医学的検討が必要と判断した事案については、主治医の意見に加え、地方労災医員協議会精神障害専門部会に協議して合議による意見を求め、その意見に基づき認定要件を満たすか否かを判断する。

4　法律専門家の助言

　関係者が相反する主張をする場合の事実認定の方法や関係する法律の内容等について、法律専門家の助言が必要な場合には、医学専門家の意見とは別に、法務専門員等の法律専門家の意見を求める。

第7　療養及び治ゆ

　心理的負荷による精神障害は、その原因を取り除き、適切な療養を行えば全治し、再度の就労が可能となる場合が多いが、就労が可能な状態でなくとも治ゆ（症状固定）の状態にある場合もある。

　例えば、精神障害の症状が現れなくなった又は症状が改善し安定した状態が一定期間継続している場合や、社会復帰を目指して行ったリハビリテーション療法等を終えた場合であって、通常の就労が可能な状態に至ったときには、投薬等を継続していても通常は治ゆ（症状固定）の状態にあると考えられる。また、「寛解」との診断がない場合も含め、療養を継続して十分な治療を行ってもなお症状に改善の見込みがないと判断され、症状が固定しているときには、治ゆ（症状固定）の状態にあると考えられるが、その判断は、医学意見を踏まえ慎重かつ適切に行う必要がある。

　療養期間の目安を一概に示すことは困難であるが、例えばうつ病の経過は、未治療の場合、一般的に（約90％以上は）6か月〜2年続くとされている。また、適応障害の症状の持続は遷延性抑うつ反応（F43.21）の場合を除いて通常6か月を超えず、遷延性抑うつ反応については持続は2年を超えないとされている。

なお、対象疾病がいったん治ゆ（症状固定）した後において再びその治療が必要な状態が生じた場合は、新たな発病と取り扱い、改めて前記第2の認定要件に基づき業務起因性が認められるかを判断する。

　治ゆ後、増悪の予防のため診察や投薬等が必要とされる場合にはアフターケア（平成19年4月23日付け基発第0423002号）を、一定の障害を残した場合には障害（補償）等給付（労働者災害補償保険法第15条）を、それぞれ適切に実施する。

第8　その他

1　自殺について

　業務によりICD-10のF0からF4に分類される精神障害を発病したと認められる者が自殺を図った場合には、精神障害によって正常の認識、行為選択能力が著しく阻害され、あるいは自殺行為を思いとどまる精神的抑制力が著しく阻害されている状態に陥ったものと推定し、業務起因性を認める。

　その他、精神障害による自殺の取扱いについては、従前の例（平成11年9月14日付け基発第545号）による。

2　セクシュアルハラスメント事案の留意事項

　セクシュアルハラスメントが原因で対象疾病を発病したとして労災請求がなされた事案の心理的負荷の評価に際しては、特に次の事項に留意する。

ア　セクシュアルハラスメントを受けた者（以下「被害者」という。）は、勤務を継続したいとか、セクシュアルハラスメントを行った者（以下「行為者」という。）からのセクシュアルハラスメントの被害をできるだけ軽くしたいとの心理などから、やむを得ず行為者に迎合するようなメール等を送ることや、行為者の誘いを受け入れることがあるが、これらの事実はセクシュアルハラスメントを受けたことを単純に否定する理由にはならないこと。

イ　被害者は、被害を受けてからすぐに相談行動をとらないことがあるが、この事実は心理的負荷が弱いと単純に判断する理由にならないこと。

ウ　被害者は、医療機関でもセクシュアルハラスメントを受けたということをすぐに話せないこともあるが、初診時にセクシュアルハラスメントの事実を申し立てていないことは心理的負荷が弱いと単純に判断する理由にならないこと。

エ　行為者が上司であり被害者が部下である場合や行為者が正規雇用労働者であり被害者が非正規雇用労働者である場合等のように行為者が雇用関係上被害者に対して優越的な立場にある事実は心理的負荷を強める要素となり得ること。

3　調査等の留意事項

　請求人が主張する出来事の発生時期が評価期間より前である場合等であっても、評価期間における業務の状況等について調査し、当該期間中に業務内容の変化や新たな業務指示等があれば、これを出来事として心理的負荷を評価する必要があること。

4 本省協議

ICD-10のF5からF9に分類される対象疾病に係る事案及び本認定基準により判断し難い事案については、本省に協議すること。

第9 複数業務要因災害

労働者災害補償保険法第7条第1項第2号に定める複数業務要因災害による精神障害に関しては、本認定基準を後記1のとおり読み替えるほか、本認定基準における心理的負荷の評価に係る「業務」を「二以上の事業の業務」と、また、「業務起因性」を「二以上の事業の業務起因性」と解した上で、本認定基準に基づき、認定要件を満たすか否かを判断する。

その上で、前記第4の2及び第6に関し後記2及び3に規定した部分については、これにより判断すること。

1 認定基準の読み替え

前記第2の「労働基準法施行規則別表第1の2第9号に該当する業務上の疾病」を「労働者災害補償保険法施行規則第18条の3の6に規定する労働基準法施行規則別表第1の2第9号に掲げる疾病」と読み替える。

2 二以上の事業の業務による心理的負荷の強度の判断

(1) 二以上の事業において業務による出来事が事業ごとにある場合には、前記第4の2(2)により異なる事業における出来事をそれぞれ別表1の具体的出来事に当てはめ心理的負荷を評価した上で、前記第4の2(3)により心理的負荷の強度を全体的に評価する。ただし、異なる事業における出来事が関連して生じることはまれであることから、前記第4の2(3)イについては、原則として、(イ)により判断することとなる。

(2) 心理的負荷を評価する際、異なる事業における労働時間、労働日数は、それぞれ通算する。

(3) 前記(1)及び(2)に基づく判断に当たっては、それぞれの事業における職場の支援等の心理的負荷の緩和要因をはじめ、二以上の事業で労働することによる個別の状況を十分勘案して、心理的負荷の強度を全体的に評価する。

3 専門家意見と認定要件の判断

複数業務要因災害に関しては、前記第6の1において主治医意見により判断する事案に該当するものについても、主治医の意見に加え、専門医に意見を求め、その意見に基づき認定要件を満たすか否かを判断する。

(別表 1)

業務による心理的負荷評価表

特別な出来事

特別な出来事の類型	心理的負荷の総合評価を「強」とするもの	
心理的負荷が極度のもの	・生死にかかわる、極度の苦痛を伴う、又は永久労働不能となる後遺障害を残す業務上の病気やケガをした（業務上の傷病による療養中に症状が急変し極度の苦痛を伴った場合を含む）	…項目 1 関連
	・業務に関連し、他人を死亡させ、又は生死にかかわる重大なケガを負わせた（故意によるものを除く）	…項目 3 関連
	・強姦や、本人の意思を抑圧して行われたわいせつ行為などのセクシュアルハラスメントを受けた	…項目29関連
	・その他、上記に準ずる程度の心理的負荷が極度と認められるもの	
極度の長時間労働	・発病直前の 1 か月におおむね160時間を超えるような、又はこれに満たない期間にこれと同程度の（例えば 3 週間におおむね120時間以上の）時間外労働を行った	…項目12関連

特別な出来事以外

（総合評価の留意事項）

・出来事の総合評価に当たっては、出来事それ自体と、当該出来事の継続性や事後対応の状況、職場環境の変化などの出来事後の状況の双方を十分に検討し、例示されているもの以外であっても出来事に伴って発生したと認められる状況や、当該出来事が生じるに至った経緯等も含めて総合的に考慮して、当該出来事の心理的負荷の程度を判断する。

・職場の支援・協力が欠如した状況であること（問題への対処、業務の見直し、応援体制の確立、責任の分散その他の支援・協力がなされていない等）は、総合評価を強める要素となる。

・仕事の裁量性が欠如した状況であること（仕事が孤独で単調となった、自分で仕事の順番・やり方を決めることができなくなった、自分の技能や知識を仕事で使うことが要求されなくなった等）は、総合評価を強める要素となる。

（具体的出来事）

出来事の類型	具体的出来事	平均的な心理的負荷の強度 I Ⅱ Ⅲ	心理的負荷の総合評価の視点	心理的負荷の強度を「弱」「中」「強」と判断する具体例 弱	中	強
1	①事故や災害の体験	業務により重度の病気やケガをした	☆(Ⅲ)	・病気やケガの内容及び程度（苦痛や日常生活への支障の状況を含む）等 ・その継続する状況（苦痛や支障の継続する状況、死の恐怖、事故等を再度体験することへの恐怖、回復の期待・失望等の症状の経過を含む） ・後遺障害の程度、社会復帰の困難性等	【「弱」になる例】 ・休業を要さない又は数日程度の休業を要するものであって、後遺障害を残さない業務上の病気やケガをした	【「中」になる例】 ・短期間の入院を要する業務上の病気やケガをした ・業務上の病気やケガをし、一部に後遺障害を残すも、現職への復帰に支障がないようなものであった	【「強」である例】 ・長期間の入院を要する業務上の病気やケガをした ・大きな後遺障害を残すような（労災の障害年金に該当する、現職への復帰ができなくなる、外形的に明らかで日常生活にも支障を来すなどの）業務上の病気やケガをした ・業務上の病気やケガで療養中の者について、当該傷病により社会復帰が困難な状況にあった、死の恐怖や強い苦痛が生じた (注) 生死にかかわる等の業務上の病気やケガは、特別な出来事として評価
2		業務に関連し、悲惨な事故や災害の体験、目撃をした	☆(Ⅱ)	・本人が体験した場合、予感させる被害の内容及び程度、死の恐怖、事故等を再度体験することへの恐怖等 ・他人の事故を目撃した場合、被害の内容及び程度、被害者との関係、本人が被災していた可能性や救助できた可能性等	【「弱」になる例】 ・業務に関連し、本人の負傷は軽症・無傷で、悲惨とまではいえない事故等の体験、目撃をした	【「中」である例】 ・業務に関連し、本人の負傷は軽症・無傷で、生命に支障はないような悲惨な事故等の体験、目撃をした ・特に悲惨な事故を目撃したが、被災者との関係は浅く、本人が被災者を救助できる状況等でもなかった	【「強」になる例】 ・業務に関連し、本人の負傷は軽度・無傷であったが、自らの死を予感させる、あるいは重大な傷病を招きかねない程度の事故等を体験した ・業務に関連し、被災者が死亡する事故、多量の出血を伴うような事故等特に悲惨な事故であって、本人が巻き込まれる可能性がある状況や、本人が被災者を救助することができたかもしれない状況を伴う事故を目撃した
3	②仕事の失敗、過重な責任の発生等	業務に関連し、重大な人身事故、重大事故を起こした	☆(Ⅲ)	・事故の内容、大きさ・重大性、社会的反響の大きさ、加害の程度等 ・ペナルティ・責任追及の有無及び程度、事後対応の困難性、その後の業務内容・業務量の程度、職場の人間関係、職場の支援・協力の有無及び内容等 (注) 本人に過失がない場合も含む。	【「弱」になる例】 ・軽微な物損事故を生じさせたが特段の責任追及・事故対応はなかった ・軽微な物損事故を生じさせ、再発防止のための対応等を行った	【「中」になる例】 ・他人に負わせたケガの程度は重度ではないが、事後対応に一定の労力を要した（強い叱責を受けた、職場の人間関係が悪化した等を含む）	【「強」である例】 ・業務に関連し、他人に重度の病気やケガ（項目1参照）を負わせ、事後対応にも当たった ・他人に負わせたケガの程度は重度ではないが、事後対応に多大な労力を費やした（減給、降格等の重いペナルティを課された、職場の人間関係が著しく悪化した等を含む） (注) 他人を死亡させる等の事故は、特別な出来事として評価

出来事の類型	具体的出来事	平均的な心理的負荷の強度			心理的負荷の総合評価の視点	心理的負荷の強度を「弱」「中」「強」と判断する具体例		
		I	II	III		弱	中	強
4	②仕事の失敗、過重な責任の発生等（続き） 多額の損失を発生させるなど仕事上のミスをした		☆		・ミスやその結果（損失、損害等）の内容、程度、社会的反響の大きさ等 ・ペナルティ・責任追及の有無及び程度、事後対応の困難性、その後の業務内容・業務量の程度、職場の人間関係、職場の支援・協力の有無及び内容等	【「弱」になる例】 ・軽微な仕事上のミスをしたが、通常想定される指導等を受けたほかは、特段の事後対応は生じなかった ・軽微な仕事上のミスをし、再発防止のための対応等を行った ・多額とはいえない損失（その後の業務で容易に回復できる損失、社内でたびたび生じる損失等）等を生じさせ、何らかの事後対応を行った ・不正行為等の疑いのため事実確認の間、自宅待機等が命じられたが、他の例と比べても均衡を失するものではなく、会社の手続に瑕疵はなかった	【「中」である例】 ・会社に大きな損害を与えるなどのミスをしたが、通常想定される指導等を受けほかは、特段の事後対応は生じなかった ・業務上製造する製品の品質に大きく影響する、取引先との関係に大きく影響するなどのミスをし、事後対応にも当たった（取引先からの叱責、ペナルティを課された等も含む） ・多額の損失等を生じさせ、何らかの事後対応を行った	【「強」になる例】 ・会社の経営に影響するなどの重大な仕事上のミス（倒産を招きかねないミス、大幅な業績悪化に繋がるミス、会社の信用を著しく傷つけるミス等）をし、事後対応にも当たった ・会社の経営に影響するなどの重大な仕事上のミスとまではいえないが、その事後対応に多大な労力を費やした（懲戒処分、降格、月給額を超える賠償責任の追及等重いペナルティを課された、職場の人間関係が著しく悪化した等を含む）
5	会社で起きた事故、事件について、責任を問われた		☆		・事故、事件の内容、程度、当該事故等への関与・責任の程度、社会的反響の大きさ等 ・ペナルティの有無及び程度、責任追及の程度、事後対応の困難性、その後の業務内容、業務量の程度、職場の人間関係、職場の支援・協力の有無及び内容等 （注）この項目は、部下が起こした事故等、本人が直接引き起こしたものではない事故、事件について、監督責任等を問われた場合の心理的負荷を評価する。本人が直接引き起こした事故等については、項目4で評価する。	【「弱」になる例】 ・軽微な事故、事件（損害等の生じない事態、その後の業務で容易に損害等を回復できる事態、社内でたびたび生じる事態等）の責任（監督責任等）を一応問われたが、特段の事後対応はなかった	【「中」である例】 ・立場や職責に応じて事故、事件の責任（監督責任等）を問われ、何らかの事後対応を行った	【「強」になる例】 ・重大な事故、事件（倒産を招きかねない事態や大幅な業績悪化に繋がる事態、会社の信用を著しく傷つける事態、他人を死亡させ、又は生死に関わるケガを負わせる事態等）の責任（監督責任等）を問われ、事後対応に多大な労力を費やした ・重大とまではいえない事故、事件ではあるが、その責任（監督責任等）を問われ、立場や職責を大きく上回る事後対応を行った（減給、降格等の重いペナルティが課された等を含む）
6	業務に関連し、違法な行為や不適切な行為等を強要された		☆		・違法性・不適切の程度、強要の程度（頻度、方法、本人の拒否等の状況との関係）、本人の関与の程度等 ・事後のペナルティの程度、事後対応の困難性、その後の業務内容・業務量の程度、職場の人間関係、職場の支援・協力の有無及び内容等	【「弱」になる例】 ・業務に関連し、商慣習としてはまれに行われるような違法行為、不適切な行為・言動を求められたが、拒むことにより終了した	【「中」である例】 ・業務に関連し、商慣習としてはまれに行われるような違法行為や、商慣習上不適切とされる行為、社内で禁止されている行為・言動等を命じられ、これに従った	【「強」になる例】 ・業務に関連し、重大な違法行為（人の生命に関わる違法行為、発覚した場合に会社の信用を著しく傷つける違法行為）を命じられた ・業務に関連し、反対したにもかかわらず違法行為等を執拗に命じられ、やむなくそれに従った ・業務に関連し、重大な違法行為を命じられ、何度もそれに従った ・業務に関連し、強要された違法行為等が発覚し、事後対応に多大な労力を費やした（重いペナルティを課された等を含む）

No	出来事の類型	具体的出来事	平均的な心理的負荷の強度			心理的負荷の総合評価の視点	心理的負荷の強度を「弱」「中」「強」と判断する具体例		
			I	II	III		弱	中	強
7	②仕事の失敗、過重な責任の発生等（続き）	達成困難なノルマが課された・対応した・達成できなかった		☆		・ノルマの内容、困難性、強制の程度、達成できなかった場合の影響、ペナルティの有無及び内容等 ・ノルマに対応するための業務内容、業務量の程度、職場の人間関係、職場の支援・協力の有無及び内容等 ・未達成による経営上の影響度、ペナルティの有無及び内容等 ・未達成による事後対応の困難性、その後の業務内容、業務量の程度、職場の人間関係、職場の支援・協力の有無及び内容等 (注) ノルマには、達成が強く求められる業績目標等を含む。 また、未達成については、期限に至っていない場合でも、達成できない状況が明らかになったときにはこの項目で評価する。 (注) パワーハラスメントに該当する場合は、項目22で評価する。	【「弱」になる例】 ・同種の経験等を有する労働者であれば達成可能なノルマを課された ・ノルマではない業績目標が示された（当該目標が、達成を強く求められるものではなかった） ・ノルマが達成できなかったが、何ら事後対応は必要なく、会社から責任を問われること等もなかった ・業績目標が達成できなかったものの、当該目標の達成は、強く求められていたものではなかった	【「中」である例】 ・達成は容易ではないものの、客観的にみて、努力すれば達成も可能であるノルマが課され、この達成に向けた業務を行った ・達成が容易ではないノルマが課され、この達成に向け一定の労力を費やした ・ノルマが達成できなかったことにより、その事後対応に一定の労力を費やした、または一定のペナルティを受けた、強い叱責を受けた、職場の人間関係が悪化した	【「強」になる例】 ・客観的に相当な努力があっても達成困難なノルマが課され、これが達成できない場合には著しい不利益を被ることが明らかで、その達成のため多大な労力を費やした ・経営に影響するようなノルマ（達成できなかったことにより倒産を招きかねないもの、大幅な業績悪化につながるもの、会社の信用を著しく傷つけるもの等）が達成できず、そのため、事後対応に多大な労力を費やした（懲戒処分、降格、左遷、賠償責任の追及といった重いペナルティを課された等を含む） ・客観的に相当な努力があっても達成困難なノルマが達成できず、事後対応にも多大な労力を費やした（重いペナルティを課された等を含む）
8		新規事業や、大型プロジェクト（情報システム構築等を含む）などの担当になった		☆		・新規事業等の内容、本人の職責、困難性の程度、能力と業務内容のギャップの程度等 ・その後の業務内容、業務量の程度、職場の人間関係、職場の支援・協力の有無及び内容等	【「弱」になる例】 ・軽微な新規事業等(新規事業であるが、責任が大きいとはいえないもの、期限が定められていないもの等)の担当になった	【「中」である例】 ・新規事業等（新規・大型プロジェクト、新規研究開発、新規出店の統括、大型システム導入、会社全体や不採算部門の建て直し等、成功に対する高い評価が期待されやりがいも大きいが責任も大きい業務）の担当になり、当該業務に当たった	【「強」になる例】 ・経営に重大な影響のある新規事業等（失敗した場合に倒産を招きかねないもの、大幅な業績悪化につながるもの、会社の信用を著しく傷つけるもの、成功した場合に会社の新たな主要事業になるもの等）の担当であって、事業の成否に重大な責任のある立場に就き、当該業務に当たった

No.	出来事の類型	具体的出来事	平均的な心理的負荷の強度 I	II	III	心理的負荷の総合評価の視点	心理的負荷の強度を「弱」「中」「強」と判断する具体例 弱	中	強
9	②仕事の失敗、過重な責任の発生等（続き）	顧客や取引先から対応が困難な注文や要求等を受けた		☆		・顧客・取引先の重要性、注文・要求・指摘の内容、会社の被る負担・損害の内容、程度等 ・事後対応の困難性、その後の業務内容、業務量の程度、職場の人間関係、職場の支援・協力の有無や内容等 （注）ここでいう「要求等」とは、契約に付帯して商慣習上あり得る要求や、納品物の不適合の指摘等をいう。 （注）顧客からの指摘等が本人のミスによる場合は、項目4で評価する。また、顧客等の行為が著しい迷惑行為に該当する場合は、項目27で評価する。	【「弱」になる例】 ・同種の経験等を有する労働者であれば達成可能な注文を出され、業務内容・業務量に一定の変化があった ・要望が示されたが、達成を強く求められるものではなく、業務内容・業務量に大きな変化もなかった ・顧客等から何らかの指摘を受けたが、特に対応を求められるものではなく、取引関係や、業務内容・業務量に大きな変化もなかった	【「中」である例】 ・業務に関連して、顧客や取引先から対応が困難な注文（大幅な値下げや納期の繰上げ、度重なる設計変更等）を受け、何らかの事後対応を行った ・業務に関連して、顧客から納品物の不適合の指摘その内容に対応が困難な指摘・要求を受け、その事後対応に従事した ・業務に関連して、顧客等から対応が困難な要求等を受け、その対応に従事した	【「強」になる例】 ・通常なら拒むことが明らかな注文（業績の著しい悪化が予想される注文、不適切な行為を内包する注文等）ではあるが、重要な顧客や取引先からのものであるためこれを受け、他部門や別の取引先との事後対応に多大な労力を費やした ・顧客や取引先から重大な指摘・要求（大口の顧客等の喪失を招きかねないもの、会社の信用を著しく傷つけるもの等）を受け、その解消のために他部門や別の取引先と困難な調整に当たった
10		上司や担当者の不在等により、担当外の業務を行った・責任を負った	☆			・担当外の業務の内容、責任、業務量の程度、本来業務との関係、能力・経験とのギャップ、職場の人間関係、職場の支援・協力の有無や内容等 ・代行期間等	【「弱」である例】 ・上司等の不在時に上司等が担当していた業務を代行したが、当該業務は以前から経験しているものであった ・上司等の不在時に自らが当該業務の責任者の立場となったが、特に責任ある判断を求められる事態や追加の業務が生じる事態は生じなかった	【「中」になる例】 ・上司が長期間不在となり、各労働者との調整が必要なシフト表の作成等、一定の労力を要し責任もある業務を継続的に代行した	【「強」になる例】 ・上司等の急な欠員により、能力・経験に比して高度かつ困難な担当外の業務・重大な責任のある業務を長期間担当することを余儀なくされ、当該業務の遂行に多大な労力を費やした
11	③仕事の量・質	仕事内容・仕事量の大きな変化を生じさせる出来事があった		☆		・業務の内容、困難性、能力・経験と業務内容のギャップ、職場の支援・協力の有無及び内容等 ・時間外労働、休日労働の状況とその変化の程度、勤務間インターバルの状況等 ・業務の密度の変化の程度、仕事内容、責任の変化の程度、仕事内容の変化の原因に係る社会的反響の大きさ等 （注）発病前おおむね6か月において、時間外労働時間数に大きな変化がみられる場合には、他の項目で評価される場合でも、この項目でも評価する。	【「弱」になる例】 ・仕事内容の変化が容易に対応できるもの（※）であり、変化後の業務の負荷が大きくなかった ※多額とはいえない損失の事後対応、大きな説明会での発表、部下の増加・減少、所属部署の統廃合等 ・仕事量（時間外労働時間数等）に「中」に至らない程度の変化があった	【「中」である例】 ・担当業務内容の変更、初めて担当する業務や日常的には実施していない困難な業務の実施、損失や不具合の発生への対応等により、仕事内容の大きな変化が生じた ・取引量の急増、担当者の減少等により、仕事量の大きな変化（時間外労働時間数としてはおおむね20時間以上増加し1月当たりおおむね45時間以上となるなど）が生じた ・担当取引先からの契約を打ち切られるなど多額の損失が見込まれる事態が生じ、その原因に本人は関与していないが、当該損失を補うために積極的な営業活動等の事後対応を行った	【「強」になる例】 ・過去に経験したことがない仕事内容、能力・経験に比して質的に高度かつ困難な仕事内容等に変更となり、常時緊張を強いられる状態となった又はその後の業務に多大な労力を費やした ・仕事量が著しく増加して時間外労働も大幅に増える（おおむね倍以上に増加し1月当たりおおむね100時間以上となる）などの状況になり、業務に多大な労力を費やした（休憩・休日を確保するのが困難なほどの状態となった等を含む） ・会社の経営に影響するなどの特に多額の損失（倒産を招きかねない損失、大幅な業績悪化に繋がる損失等）が生じ、その原因に本人は関与していないが、倒産を回避するための金融機関や取引先等への対応等の事後対応に多大な労力を費やした

164

	出来事の類型	具体的出来事	平均的な心理的負荷の強度			心理的負荷の総合評価の視点	心理的負荷の強度を「弱」「中」「強」と判断する具体例		
			I	II	III		弱	中	強
12	③仕事の量・質（続き）	1か月に80時間以上の時間外労働を行った		☆		・業務の困難性、能力・経験と業務内容のギャップ、職場の支援・協力の有無及び内容等 ・業務の密度、業務内容、責任等 ・長時間労働の継続期間、労働時間数、勤務間インターバルの状況等 (注) 発病前おおむね6か月において、1か月におおむね80時間以上の時間外労働がみられる場合には、他の項目（項目11の仕事量の変化を除く）で評価される場合でも、この項目でも評価する。	【「弱」になる例】 ・1か月におおむね80時間未満の時間外労働を行った (注) 他の項目で労働時間の状況が評価されない場合に評価する。	【「中」である例】 ・1か月におおむね80時間以上の時間外労働を行った	【「強」になる例】 ・発病直前の連続した2か月間に、1月当たりおおむね120時間以上の時間外労働を行った ・発病直前の連続した3か月間に、1月当たりおおむね100時間以上の時間外労働を行った (注) 発病直前の1か月におおむね160時間を超える等の極度の長時間労働は、特別な出来事として評価
13		2週間以上にわたって休日のない連続勤務を行った		☆		・業務の困難性、能力・経験と業務内容のギャップ、職場の支援・協力の有無及び内容等 ・業務の密度、業務内容、責任等及びそれらの変化の程度等 ・連続勤務の継続期間、労働時間数、勤務間インターバルの状況等	【「弱」になる例】 ・休日労働を行った ・休日出勤により連続勤務となったが、休日の労働時間が特に短いものであった	【「中」である例】 ・平日の時間外労働だけではこなせない業務量がある、休日に対応しなければならない業務が生じた等の事情により、2週間以上にわたって連続勤務を行った（1日当たりの労働時間が特に短い場合を除く）	【「強」になる例】 ・1か月以上にわたって連続勤務を行った ・2週間以上にわたって連続勤務を行い、その間、連日、深夜時間帯に及ぶ時間外労働を行った（いずれも、1日当たりの労働時間が特に短い場合を除く）
14		感染症等の病気や事故の危険性が高い業務に従事した		☆		・業務の内容・困難性（ばく露のおそれがある病原体・化学物質等の有害因子の性質・危険性等を含む）、能力・経験と業務内容のギャップ、職場の支援・協力（教育訓練の状況や防護・災害防止対策の状況等を含む）の有無及び内容等 ・当該業務に従事する経緯、その予測の度合、当該業務の継続期間等	【「弱」になる例】 ・重篤ではない感染症等の病気や事故の危険性がある業務に従事した ・感染症等の病気や事故の危険性がある業務ではあるが、防護等の対策の負担は大きいものではなかった	【「中」である例】 ・感染症等の病気や事故の危険性が高い業務に従事し、防護等対策も一定の負担を伴うものであったが、確立した対策を実施すること等により職員のリスクは低減されていた	【「強」になる例】 ・新興感染症の感染の危険性が高い業務等に急遽従事することとなり、防護対策も試行錯誤しながら実施する中で、施設内における感染等の被害拡大も生じ、死の恐怖等を感じつつ業務を継続した

出来事の類型	具体的出来事	平均的な心理的負荷の強度			心理的負荷の総合評価の視点	心理的負荷の強度を「弱」「中」「強」と判断する具体例		
		I	II	III		弱	中	強
15 ③仕事の量・質（続き）	勤務形態、作業速度、作業環境等の変化や不規則な勤務があった		☆		・交替制勤務、深夜勤務等、勤務形態の変化の内容、変化の程度、変化に至る経緯、変化後の状況等 ・作業速度（仕事のペース）、作業環境（騒音、照明、温度、湿度、換気、臭気等）、作業場所の変化の内容、変化の程度、変化に至る経緯、変化後の状況等 ・勤務の不規則な程度、一般的な日常生活・労働者の過去の経験とのギャップ、深夜勤務や勤務間インターバルの状況等	【「弱」である例】 ・日勤から夜勤、交替制勤務等に変更になったが、業務内容・業務量にも変更はなかった ・自分の勤務形態がテレワークになった、部下、上司、同僚等がテレワークになった	【「中」になる例】 ・客観的に夜勤への対応が困難な事情があり、これを会社が把握していたにもかかわらず頻回の夜勤となり、睡眠時間帯が不規則な状況となった	【「強」になる例】 ・勤務形態が頻回の急な変更により著しく不規則となり、その予測も困難であって、生理的に必要な睡眠時間をまとまって確保できない状況となり、かつこれが継続した
16 ④役割・地位の変化等	退職を強要された		☆		・退職強要・退職勧奨に至る理由・経緯、退職強要等の態様、強要の程度、職場の人間関係等 ・解雇に至る理由・経過、解雇通告や理由説明の態様、職場の人間関係等 （注）ここでいう「解雇」には、労働契約の形式上期間を定めて雇用されている者であっても、当該契約が期間の定めのない契約と実質的に異ならない状態となっている場合の雇止めの通知を含む。	【「弱」になる例】 ・退職勧奨が行われたが、退職強要とはいえず、断ることによって終了し、職場の人間関係への悪影響もなかった ・業務状況や労働条件に関する面談の中で上司等から退職に関する発言があったが、客観的に退職勧奨がなされたとはいえないものであった ・早期退職制度の対象となり、年齢等の要件に合致して早期退職者の募集とこれに係る個人面談が複数回なされたが、当該制度の利用が強いられたものではなかった	【「中」になる例】 ・強い退職勧奨（早期退職制度の強い利用勧奨を含む）が行われたが、その方法、頻度等からして強要とはいえないものであった	【「強」である例】 ・退職の意思のないことを表明しているにもかかわらず、長時間にわたり又は威圧的な方法等により、執拗に退職を求められた ・突然解雇の通告を受け、何ら理由が説明されることなく又は明らかに不合理な理由が説明され、更なる説明を求めても応じられず、撤回されることもなかった
17	転勤・配置転換等があった		☆		・職種、職務の変化の程度、転勤・配置転換等の理由・経緯等 ・転勤の場合、単身赴任の有無、海外の治安の状況等 ・業務の困難性、能力・経験と業務内容のギャップ等 ・その後の業務内容、業務の程度、職場の人間関係、職場の支援・協力の有無及び内容等 （注）出向を含む。	【「弱」になる例】 ・以前に経験した場所・業務である等、転勤・配置転換等の後の業務が容易に対応できるものであり、変化後の業務の負荷が軽微であった	【「中」である例】 ・過去に経験した場所・業務ではないものの、経験、年齢、職種等に応じた通常の転勤・配置転換等であり、その後の業務に対応した （注）ここでの「転勤」は、勤務場所の変更であって転居を伴うものを指す。「配置転換」は、所属部署（担当係等）、勤務場所の変更を指し、転居を伴うものを除く。	【「強」になる例】 ・転勤先は初めて赴任する外国であって現地の職員との会話が不能、治安状況が不安といったような事情から、転勤後の業務遂行に著しい困難を伴った ・配置転換後の業務が、過去に経験した業務と全く異なる質のものであり、これに対応するのに多大な労力を費やした ・配置転換後の地位が、過去の経験からみて異例なほど重い責任が課されるものであり、これに対応するのに多大な労力を費やした ・配置転換の内容が左遷（明らかな降格で配置転換としては異例、不合理なもの）であって職場内で孤立した状況になり、配置転換後の業務遂行に著しい困難を伴った

出来事の類型	具体的出来事	平均的な心理的負荷の強度			心理的負荷の総合評価の視点	心理的負荷の強度を「弱」「中」「強」と判断する具体例		
		I	II	III		弱	中	強
18	④役割・地位の変化等(続き) 複数名で担当していた業務を1人で担当するようになった		☆		・職務、責任、業務内容、業務量の変化の程度等 ・その後の業務内容、業務量の程度、職場の人間関係、職場の支援・協力の有無及び内容等	【「弱」になる例】 ・複数名で担当していた業務を一人で担当するようになったが、業務内容・業務量はほとんど変化がなかった、職場の支援が十分になされていた ・複数名で担当していた業務を一人で担当するようになったが、研修・引継期間等の終了に伴うもので、本来一人で担当することが予定されたものであった	【「中」である例】 ・複数名で担当していた業務を一人で担当するようになり、業務内容・業務量が増加するとともに、職場の支援が少なく業務に係る相談や休暇取得が困難となった	【「強」になる例】 ・人員削減等のため業務を一人で担当するようになり、職場の支援もなされず孤立した状態で業務内容、業務量、責任が著しく増加して業務密度が高まり、必要な休憩・休日も取れない等常時緊張を強いられるような状態となって業務遂行に著しい困難を伴った
19	雇用形態や国籍、性別等を理由に、不利益な処遇等を受けた		☆		・不利益な処遇等(差別に該当する場合も含む)の理由・経緯、内容、程度、職場の人間関係等 ・その継続する状況	【「弱」になる例】 ・労働者間に処遇の差異があるが、その差は小さいものであった、又は理由のあるものであった ・軽微な不利益処遇を受けたが、理由のあるものであった(客観的には不利益とはいえないものも含む)	【「中」である例】 ・非正規雇用労働者であるなどの雇用形態や国籍、性別等の理由、又はその他の理由により、不利益な処遇等を受けた	【「強」になる例】 ・雇用形態や国籍、人種、信条、性別等を理由になされた仕事上の差別、不利益取扱いの程度が著しく大きく、人格を否定するようなものであって、かつこれが継続した ※性的指向・性自認に関する差別等を含む。
20	自分の昇格・昇進等の立場・地位の変更があった	☆			・職務・責任、職場における役割・位置付けの変化の程度等 ・その後の業務内容、職場の人間関係等	【「弱」である例】 ・昇進し管理業務等を新たに担当することとなったが、本人の能力や経験と乖離したものではなかった	【「中」になる例】 ・本人の経験等と著しく乖離した責任が課せられたものであったが、職場内における研修・支援等があり、昇進後の職責は困難なものではなかった	【「強」になる例】 ・本人の経験等と著しく乖離した重い責任・極めて困難な職責が課せられ、職場の支援もなされず孤立した状態で当該職責を果たすこととなり、当該昇進後の業務に多大な労力を費やした
21	雇用契約期間の満了が迫った	☆			・契約締結時、期間満了前の説明の有無、その内容、その後の状況、職場の人間関係等	【「弱」である例】 ・契約期間の満了が迫ったが、契約更新が見込まれるものであった ・契約終了(雇止め)の通告があったが、事前に十分な説明が尽くされる等、契約更新が期待されるものではなかった ・派遣先における派遣期間の終了が迫ったが、派遣元において雇用維持がなされる状況であった	【「中」になる例】 ・事前の説明が尽くされていない突然の契約終了(雇止め)通告であり契約終了までの期間が短かった	【「強」になる例】 ・契約の更新等を強く期待することが合理的な状況であった(上司等がそのような言動を継続的に行っていた)にもかかわらず、突然に契約終了(雇止め)が通告され、通告時の態様も著しく配慮を欠くものであった

	出来事の類型	具体的出来事	平均的な心理的負荷の強度			心理的負荷の総合評価の視点	心理的負荷の強度を「弱」「中」「強」と判断する具体例		
			I	II	III		弱	中	強
22	⑤パワーハラスメント	上司等から、身体的攻撃、精神的攻撃等のパワーハラスメントを受けた			☆	・指導・叱責等の言動に至る経緯や状況等 ・身体的攻撃、精神的攻撃等の内容、程度、上司（経営者を含む）等との職務上の関係等 ・反復・継続など執拗性の状況 ・就業環境を害する程度 ・会社の対応の有無及び内容、改善の状況等 （注）当該出来事の評価対象とならない対人関係のトラブルは、出来事の類型「対人関係」の各出来事で評価する。 （注）「上司等」には、職務上の地位が上位の者のほか、同僚又は部下であっても、業務上必要な知識や豊富な経験を有しており、その者の協力が得られなければ業務の円滑な遂行を行うことが困難な場合、同僚又は部下からの集団による行為でこれに抵抗又は拒絶することが困難である場合も含む。	【「弱」になる例】 ・上司等による「中」に至らない程度の身体的攻撃、精神的攻撃等が行われた	【「中」になる例】 ・上司等による次のような身体的攻撃・精神的攻撃等が行われ、行為が反復・継続していない ▶治療を要さない程度の暴行による身体的攻撃 ▶人格や人間性を否定するような、業務上明らかに必要性がない又は業務の目的を逸脱した精神的攻撃 ▶必要以上に長時間にわたる叱責、他の労働者の面前における威圧的な叱責など、態様や手段が社会通念に照らして許容される範囲を超える精神的攻撃 ▶無視等の人間関係からの切り離し ▶業務上明らかに不要なことや遂行不可能なことを強制する等の過大な要求 ▶業務上の合理性なく仕事を与えない等の過小な要求 ▶私的なことに過度に立ち入る個の侵害	【「強」である例】 ・上司等から、治療を要する程度の暴行等の身体的攻撃を受けた ・上司等から、暴行等の身体的攻撃を反復・継続するなどして執拗に受けた ・上司等から、次のような精神的攻撃等を反復・継続するなどして執拗に受けた ▶人格や人間性を否定するような、業務上明らかに必要性がない又は業務の目的を大きく逸脱した精神的攻撃 ▶必要以上に長時間にわたる厳しい叱責、他の労働者の面前における大声での威圧的な叱責など、態様や手段が社会通念に照らして許容される範囲を超える精神的攻撃 ▶無視等の人間関係からの切り離し ▶業務上明らかに不要なことや遂行不可能なことを強制する等の過大な要求 ▶業務上の合理性なく仕事を与えない等の過小な要求 ▶私的なことに過度に立ち入る個の侵害 ・心理的負荷としては「中」程度の身体的攻撃、精神的攻撃等を受けた場合であって、会社に相談しても又は会社がパワーハラスメントがあると把握していても適切な対応がなく、改善がなされなかった ※性的指向・性自認に関する精神的攻撃等を含む。
23	⑥対人関係	同僚等から、暴行又はひどいいじめ・嫌がらせを受けた			☆	・暴行又はいじめ・嫌がらせに至る経緯や状況等 ・暴行又はいじめ・嫌がらせの内容、程度、同僚等との職務上の関係等 ・反復・継続など執拗性の状況 ・会社の対応の有無及び内容、改善の状況等	【「弱」になる例】 ・同僚等から、「中」に至らない程度の言動を受けた	【「中」になる例】 ・同僚等から、治療を要さない程度の暴行を受け、行為が反復・継続していない ・同僚等から、人格や人間性を否定するような言動を受け、行為が反復・継続していない	【「強」である例】 ・同僚等から、治療を要する程度の暴行等を受けた ・同僚等から、暴行等を反復・継続するなどして執拗に受けた ・同僚等から、人格や人間性を否定するような言動を反復・継続するなどして執拗に受けた ・心理的負荷としては「中」程度の暴行又はいじめ・嫌がらせを受けた場合であって、会社に相談しても又は会社が暴行若しくはいじめ・嫌がらせがあると把握していても適切な対応がなく、改善がなされなかった ※性的指向・性自認に関するいじめ等を含む。

168

出来事の類型	具体的出来事	平均的な心理的負荷の強度 I・II・III	心理的負荷の総合評価の視点	心理的負荷の強度を「弱」「中」「強」と判断する具体例		
				弱	中	強
24 ⑥対人関係（続き）	上司とのトラブルがあった	☆ (II)	・トラブルに至る経緯や状況等 ・トラブルの内容、程度、回数、上司（経営者を含む）との職務上の関係等 ・その後の業務への支障等 ・会社の対応の有無及び内容、改善の状況等	【「弱」になる例】 ・上司から、業務指導の範囲内である指導・叱責を受けた ・業務をめぐる方針等において、上司との考え方の相違が生じた（客観的にはトラブルとはいえないものも含む）	【「中」である例】 ・上司から、業務指導の範囲内である強い指導・叱責を受けた ・業務をめぐる方針等において、周囲からも客観的に認識されるような大きな対立が上司との間に生じた	【「強」になる例】 ・業務をめぐる方針等において、周囲からも客観的に認識されるような大きな対立が上司との間に生じ、その後の業務に大きな支障を来した
25	同僚とのトラブルがあった	☆ (II)	・トラブルに至る経緯や状況等 ・トラブルの内容、程度、回数、同僚との職務上の関係等 ・その後の業務への支障等 ・会社の対応の有無及び内容、改善の状況等	【「弱」になる例】 ・業務をめぐる方針等において、同僚との考え方の相違が生じた（客観的にはトラブルとはいえないものも含む）	【「中」である例】 ・業務をめぐる方針等において、周囲からも客観的に認識されるような大きな対立が同僚との間に生じた ・同僚との対立により、本来得られるべき業務上必要な協力が得られず、業務に一定の影響が生じた	【「強」になる例】 ・業務をめぐる方針等において、周囲からも客観的に認識されるような大きな対立が多数の同僚との間に又は頻繁に生じ、その後の業務に大きな支障を来した
26	部下とのトラブルがあった	☆ (II)	・トラブルに至る経緯や状況等 ・トラブルの内容、程度、回数、部下との職務上の関係等 ・その後の業務への支障等 ・会社の対応の有無及び内容、改善の状況等	【「弱」になる例】 ・業務をめぐる方針等において、部下との考え方の相違が生じた（客観的にはトラブルとはいえないものも含む）	【「中」である例】 ・業務をめぐる方針等において、周囲からも客観的に認識されるような大きな対立が部下との間に生じた ・部下との対立により、本来得られるべき業務上必要な協力が得られず、業務に一定の影響が生じた	【「強」になる例】 ・業務をめぐる方針等において、周囲からも客観的に認識されるような大きな対立が多数の部下との間に又は頻繁に生じ、その後の業務に大きな支障を来した
27	顧客や取引先、施設利用者等から著しい迷惑行為を受けた	☆ (II)	・迷惑行為に至る経緯や状況等 ・迷惑行為の内容、程度、顧客等（相手方）との職務上の関係等 ・反復・継続など執拗性の状況 ・その後の業務への支障等 ・会社の対応の有無及び内容、改善の状況等 （注）著しい迷惑行為とは、暴行、脅迫、ひどい暴言、著しく不当な要求等をいう。	【「弱」になる例】 ・顧客等から、「中」に至らない程度の言動を受けた	【「中」である例】 ・顧客等から治療を要さない程度の暴行を受け、行為が反復・継続していない ・顧客等から、人格や人間性を否定するような言動を受け、行為が反復・継続していない ・顧客等から、威圧的な言動などその態様や手段が社会通念に照らして許容される範囲を超える著しい迷惑行為を受け、行為が反復・継続していない	【「強」になる例】 ・顧客等から、治療を要する程度の暴行等を受けた ・顧客等から、暴行等を反復・継続するなどして執拗に受けた ・顧客等から、人格や人間性を否定するような言動を反復・継続するなどして執拗に受けた ・顧客等から、威圧的な言動などその態様や手段が社会通念に照らして許容される範囲を超える著しい迷惑行為を、反復・継続するなどして執拗に受けた ・心理的負荷としては「中」程度の迷惑行為を受けた場合であって、会社に相談しても又は会社が迷惑行為を把握していても適切な対応がなく、改善がなされなかった

出来事の類型	具体的出来事	平均的な心理的負荷の強度			心理的負荷の総合評価の視点	心理的負荷の強度を「弱」「中」「強」と判断する具体例		
		I	II	III		弱	中	強
28	⑥対人関係（続き）上司が替わる等、職場の人間関係に変化があった	☆			・人間関係の変化の内容等 ・その後の業務への支障等	【「弱」である例】 ・上司が替わったが、特に業務内容に変更もなく、上司との関係に問題もなかった ・良好な関係にあった上司・同僚等が異動・退職した ・同僚・後輩に昇進で先を越されたが、人間関係に問題が生じたものではなかった	(注) 上司が替わった、同僚等に昇進で先を越された等に伴い、上司・同僚等との関係に問題が生じたときには、項目22～25で評価する。	
29	⑦セクシュアルハラスメント セクシュアルハラスメントを受けた		☆		・セクシュアルハラスメントの内容、程度等 ・その継続する状況 ・会社の対応の有無及び内容、改善の状況、職場の人間関係等	【「弱」になる例】 ・「○○ちゃん」等のセクシュアルハラスメントに当たる発言をされた ・職場内に水着姿の女性のポスター等を掲示された	【「中」である例】 ・胸や腰等への身体接触を含むセクシュアルハラスメントであっても、行為が継続しておらず、会社が適切かつ迅速に対応し発病前に解決した ・身体接触のない性的な発言のみのセクシュアルハラスメントであって、発言が継続していない ・身体接触のない性的な発言のみのセクシュアルハラスメントであって、複数回行われたものの、会社が適切かつ迅速に対応し発病前にそれが終了した	【「強」になる例】 ・胸や腰等への身体接触を含むセクシュアルハラスメントであって、継続して行われた ・胸や腰等への身体接触を含むセクシュアルハラスメントであって、行為は継続していないが、会社に相談しても適切な対応がなく、改善がなされなかった又は会社への相談等の後に職場の人間関係が悪化した ・身体接触のない性的な発言のみのセクシュアルハラスメントであって、発言の中に人格を否定するようなものを含み、かつ継続してなされた ・身体接触のない性的な発言のみのセクシュアルハラスメントであって、性的な発言が継続してなされ、会社に相談しても又は会社がセクシュアルハラスメントがあると把握していても適切な対応がなく、改善がなされなかった (注) 強姦や、本人の意思を抑圧して行われたわいせつ行為などのセクシュアルハラスメントは、特別な出来事として評価
【恒常的長時間労働がある場合に「強」となる具体例】					1か月おおむね100時間の時間外労働を「恒常的長時間労働」の状況とし、次の①～③の場合には当該具体的出来事の心理的負荷を「強」と判断する。 ①具体的出来事の心理的負荷の強度が労働時間を加味せずに「中」程度と評価され、かつ、出来事の後に恒常的長時間労働が認められる場合 ②具体的出来事の心理的負荷の強度が労働時間を加味せずに「中」程度と評価され、かつ、出来事の前に恒常的長時間労働が認められ、出来事後すぐに（出来事後おおむね10日以内に）発病に至っている場合、又は、出来事後すぐに発病には至っていないが事後対応に多大な労力を費やしその後発病した場合 ③具体的出来事の心理的負荷の強度が、労働時間を加味せずに「弱」程度と評価され、かつ、出来事の前及び後にそれぞれ恒常的長時間労働が認められる場合			

(別表2)

業務以外の心理的負荷評価表

出来事の類型	具体的出来事	心理的負荷の強度		
		I	II	III
① 自分の出来事	離婚又は配偶者と別居した			☆
	自分が重い病気やケガをした又は流産した			☆
	自分が病気やケガをした		☆	
	配偶者とのトラブル、不和があった	☆		
	自分が妊娠した	☆		
	定年退職した	☆		
② 自分以外の家族・親族の出来事	配偶者、子供、親又は兄弟姉妹が死亡した			☆
	配偶者や子供が重い病気やケガをした			☆
	親類の誰かで世間的にまずいことをした人が出た			☆
	親族とのつきあいで困ったり、辛い思いをしたことがあった		☆	
	親が重い病気やケガをした		☆	
	家族が婚約した又はその話が具体化した	☆		
	子供の入試・進学があった又は子供が受験勉強を始めた	☆		
	親子の不和、子供の問題行動、非行があった	☆		
	家族が増えた（子供が産まれた）又は減った（子供が独立して家を離れた）	☆		
	配偶者が仕事を始めた又は辞めた	☆		
③ 金銭関係	多額の財産を損失した又は突然大きな支出があった			☆
	収入が減少した		☆	
	借金返済の遅れ、困難があった		☆	
	住宅ローン又は消費者ローンを借りた	☆		
④ 事件、事故、災害の体験	天災や火災などにあった又は犯罪に巻き込まれた			☆
	自宅に泥棒が入った		☆	
	交通事故を起こした		☆	
	軽度の法律違反をした	☆		
⑤ 住環境の変化	騒音等、家の周囲の環境（人間環境を含む）が悪化した		☆	
	引越した		☆	
	家屋や土地を売買した又はその具体的な計画が持ち上がった	☆		
	家族以外の人（知人、下宿人など）が一緒に住むようになった	☆		
⑥ 他人との人間関係	友人、先輩に裏切られショックを受けた		☆	
	親しい友人、先輩が死亡した		☆	
	失恋、異性関係のもつれがあった		☆	
	隣近所とのトラブルがあった		☆	

(注) 心理的負荷の強度IからIIIは、別表1と同程度である。

資料9	（表面）ハラスメント相談記録票	受付NO

【相談者の情報】

相談受付日時	年　　月　　日　　時　　分　〜　　時　　分
氏名	
所属	
連絡先 (内線又は携帯)	
メールアドレス	@
相談方法	電話　　Eメール　　面談　　その他（　　　　　　　　）

【内容】

日時	年　　月　　日　　時頃
場所	
誰から (相談者との関係)	
どのような行為	（ハラスメントと感じた具体的な言動など）
対応	（ハラスメントと感じた言動に対し、どのような対応をとったか）

（裏面）ハラスメント相談記録票

目撃者	有 ・ 無
	(有の場合　誰か)
誰かに相談したか	
証拠はあるか	
対象は自分だけか、他の人にも行われているか	
職場環境への影響	
相談者の希望	(調査してほしい、異動させてほしい、謝罪してほしいなど)

【相談者の生活・身体・精神への影響】

休暇取得	
時間外、休日労働	
身体面への影響	
精神面への影響	
医療機関等の受診	

【その他】

相談員	

周知用手持ちカード

1) ハラスメント防止に関する方針を記載する例

(表)

> ○○株式会社　ハラスメント防止方針
>
> ▷当社は、いかなるハラスメント行為も許しません。また、それらを見過ごすことも許しません。
>
> ▷当社の従業員は、ハラスメントなどの個人の尊厳を損なう行為を行ってはなりません。
>
> ▷当社は、ハラスメントなどの解決のために相談窓口を設け、迅速で的確な解決を目指します。相談者や、事実関係の確認に協力した方に対し、不利益な取扱いは行いません。また、プライバシーを守って対応します。

(裏)

> ## ハラスメント相談窓口
>
> ハラスメントを受けた、見た方は、そのままにせず、上司若しくは下記窓口に相談してください。秘密は厳守します。
>
> 人事総務部 担当　●●（女性）
> 　　　　　　　　　▲▲（男性）
> 　　内線　○○○
> 　　外線　○○○—○○○—○○○

2）メッセージ、スローガンを記載する例

（表）

> ハラスメントは
> しない！させない！許さない！
> そして、見逃さない！
>
> みんなで作ろう、
> ハラスメントのない職場！！

（裏）

ハラスメント相談窓口

ハラスメントを受けた、見た方は、そのままにせず、
上司若しくは下記窓口に相談してください。秘密は厳守
します。

人事総務部 担当　●●（女性）
　　　　　　　　　▲▲（男性）
　　内線　○○○
　　外線　○○○─○○○─○○○

（出典）厚生労働省「パワーハラスメント対策導入マニュアル～予防から事後対応までサポートガイド～（第 2 版）」

改訂版　職場のハラスメント　相談の手引き
相談対応の基礎から応用まで

2017年10月　初版発行
2020年4月　二版発行
2021年6月　三版発行
2023年12月　四版発行

編集・発行　公益財団法人21世紀職業財団
　　　　　　〒113-0033　東京都文京区本郷1-33-13
　　　　　　電話　03-5844-1660㈹
　　　　　　https://www.jiwe.or.jp

©2017公益財団法人21世紀職業財団

ISBN　978-4-910641-02-7　C2036　￥1000E
※本書の無断複製・転載を禁じます。